Kohlhammer

Die Autorin

Dr. Nicole Schuster, Medizinjournalistin und Apothekerin, möchte über Autismus-Spektrum-Störungen aufklären und setzt sich für ein vorurteilfreies Miteinander ein.

Nicole Schuster

Colines Welt hat neue Rätsel

Alltagsgeschichten und praktische Hinweise
für junge Erwachsene mit Asperger-Syndrom

Mit Illustrationen von Daphne Großmann

2., erweiterte und überarbeitete Auflage

Verlag W. Kohlhammer

Dieses Werk einschließlich aller seiner Teile ist urheberrechtlich geschützt. Jede Verwendung außerhalb der engen Grenzen des Urheberrechts ist ohne Zustimmung des Verlags unzulässig und strafbar. Das gilt insbesondere für Vervielfältigungen, Übersetzungen, Mikroverfilmungen und für die Einspeicherung und Verarbeitung in elektronischen Systemen.

Pharmakologische Daten, d. h. u. a. Angaben von Medikamenten, ihren Dosierungen und Applikationen, verändern sich fortlaufend durch klinische Erfahrung, pharmakologische Forschung und Änderung von Produktionsverfahren. Verlag und Autoren haben große Sorgfalt darauf gelegt, dass alle in diesem Buch gemachten Angaben dem derzeitigen Wissensstand entsprechen. Da jedoch die Medizin als Wissenschaft ständig im Fluss ist, da menschliche Irrtümer und Druckfehler nie völlig auszuschließen sind, können Verlag und Autoren hierfür jedoch keine Gewähr und Haftung übernehmen. Jeder Benutzer ist daher dringend angehalten, die gemachten Angaben, insbesondere in Hinsicht auf Arzneimittelnamen, enthaltene Wirkstoffe, spezifische Anwendungsbereiche und Dosierungen anhand des Medikamentenbeipackzettels und der entsprechenden Fachinformationen zu überprüfen und in eigener Verantwortung im Bereich der Patientenversorgung zu handeln. Aufgrund der Auswahl häufig angewendeter Arzneimittel besteht kein Anspruch auf Vollständigkeit.

Die Wiedergabe von Warenbezeichnungen, Handelsnamen und sonstigen Kennzeichen in diesem Buch berechtigt nicht zu der Annahme, dass diese von jedermann frei benutzt werden dürfen. Vielmehr kann es sich auch dann um eingetragene Warenzeichen oder sonstige geschützte Kennzeichen handeln, wenn sie nicht eigens als solche gekennzeichnet sind.

Es konnten nicht alle Rechtsinhaber von Abbildungen ermittelt werden. Sollte dem Verlag gegenüber der Nachweis der Rechtsinhaberschaft geführt werden, wird das branchenübliche Honorar nachträglich gezahlt.

Dieses Werk enthält Hinweise/Links zu externen Websites Dritter, auf deren Inhalt der Verlag keinen Einfluss hat und die der Haftung der jeweiligen Seitenanbieter oder -betreiber unterliegen. Zum Zeitpunkt der Verlinkung wurden die externen Websites auf mögliche Rechtsverstöße überprüft und dabei keine Rechtsverletzung festgestellt. Ohne konkrete Hinweise auf eine solche Rechtsverletzung ist eine permanente inhaltliche Kontrolle der verlinkten Seiten nicht zumutbar. Sollten jedoch Rechtsverletzungen bekannt werden, werden die betroffenen externen Links soweit möglich unverzüglich entfernt.

2., erweiterte und überarbeitete Auflage 2023

Alle Rechte vorbehalten
© W. Kohlhammer GmbH, Stuttgart
Gesamtherstellung: W. Kohlhammer GmbH, Stuttgart

Umschlagabbildung und Illustrationen im Buch von Daphne Großmann

Print:
ISBN 978-3-17-041396-2

E-Book-Formate:
pdf: ISBN 978-3-17-043826-2
epub: ISBN 978-3-17-043827-9

Inhalt

	Vorwort	**9**
1	**Coline macht den Führerschein**	**11**
	Führerschein trotz Autismus?	17
	Hilfreiche Links im Internet	18
2	**Coline und die Abiturprüfung**	**19**
	Achtung, Ausnahmezustand: Prüfungen stehen an	23
	Checkliste: Fit für Prüfungen und Co.	23
	Hilfreiche Links im Internet	24
3	**Das Experiment: Coline zieht aus**	**25**
	Auf in ein eigenes Leben: Asperger-autistische Menschen ziehen aus	32
	Alleine-Wohnen	32
	Betreutes Wohnen	33
	Hilfreiche Links im Internet: Wohnprojekte für und von autistischen Menschen	33
4	**Der erste Tag an der Uni**	**34**
	Noch wichtiger als Lernen? Der soziale Aspekt beim Studium	36
	Hilfreiche Links im Internet: Was das Leben einem Studenten zu bieten hat	37
5	**Coline beim Einwohnermeldeamt**	**38**
	Umzug & Co.: Die Sache mit den Ämtern	42
	Checkliste: Meldepflicht	43
6	**Soll ich einen Schwerbehindertenausweis beantragen?**	**44**
	Das bedeutet »behindert«?	47
	Bin ich autistisch und/oder behindert?	48
	Hilfreiche Links im Internet	48
7	**Coline lernt putzen**	**50**
	Der Dreck muss weg: Wie putzt man seine Wohnung?	54

Inhalt

	Hilfreiche Links im Internet	55
8	**Hilfe! Coline bekommt Besuch**	**56**
	Gute Gäste, schlechte Gäste	58
	Checkliste: So wird der Besuch zum Erfolg	59
	Tipps für Gäste von Autisten	60
9	**Wie erkläre ich den Kommilitonen Asperger? Die Autisten-Ausweis-Karte**	**61**
	Outing – ja oder nein? Und wenn ja, wie, wann und vor wem?	67
	Wie führe ich ein »Outing-Gespäch«?	68
	Checkliste: Tipps für ein gutes Gespräch mit der Familie	68
	Wie können andere reagieren?	69
10	**Die leeren Kaufhaus-Regale**	**70**
	Was ist an »Hamstern« schlecht?	71
	Muss man immer schon im Vorhinein eine Lösung wissen?	72
	Hilfreiche Links im Internet: Vorratshaltung	72
11	**Lauter Pärchen! Coline gerät ins Grübeln**	**74**
	Endlich verliebt: Der Druck, einen Partner zu haben	81
	Warum sich Menschen einen Partner suchen	82
	Wie findet man einen passenden Partner?	82
	Checkliste: Möglichkeiten, einen Partner zu finden	83
12	**Colines Freundin Maja**	**84**
	Autisten – treue Freunde oder erbitterte Feinde?	87
	Autismus – was tun? Für und Wider Behindertenwerkstatt	87
	Hilfreiche Links im Internet	88
13	**Coline und der Nebenjob: Erfahrungen beim Kellnern**	**90**
	Leben kostet – wenn ein Job her muss	95
	Checkliste: Tipps für die Suche nach einem Nebenjob	95
14	**Coline und die dünnen Tussis**	**96**
	Autismus und Essen – eine Hassliebe	100
	Das ABC der Essstörungen	101
	Was tun, wenn das Essen die Kontrolle übernimmt?	102
	Hilfreiche Links im Internet	102
15	**Benny und die FC – Facilitated Communication**	**104**
	Colines Interview zur Facilitated Communication	109
	Checkliste: Facts rund um die FC	110
	Hilfreiche Links im Internet	110

16	**Auf Wiederhören! Was hilft bei einer Telefon-Phobie?**	**111**
	Freund oder Feind? Das Telefon	117
	Checkliste: Reden am Telefon	118
	Tipps zum Telefonieren	119
	Hilfreiche Links im Internet	119
17	**Coline beim Friseur**	**120**
	Friseurbesuch: Wer schön sein will, muss leiden	125
	Checkliste: Haarige Zeiten und ihre Lösungen	125
18	**Coline und der Röckchen-Parkplatz: Unfall vorm Supermarkt**	**126**
	Unfall – was nun?	130
	Hilfreiche Links im Internet	131
19	**Advent, Advent: Coline bereitet sich auf Weihnachten vor**	**132**
	Weihnachten: Warum Traditionen so wichtig sind	137
	Checkliste: Tipps für gute Geschenke	138
	Hilfreiche Links im Internet: Traditionen und Bräuche rund um eine der schönsten Zeiten im Jahr	138
20	**Coline ist krank**	**140**
	Bei Kranksein: Arzt	144
	Was ist ein Rezept?	145
	Hilfreiche Links im Internet: Behinderte und Gesundheitswesen	145
21	**Coline kommt auf den Hund**	**146**
	Tiere und Autisten – ein gutes Team	151
	Hilfreiche Links im Internet: tierische Therapeuten	151
22	**Coline und die Internetsucht**	**152**
	Online ohne Ende – eine neue Abhängigkeitskrankheit?	155
	Hilfreiche Links im Internet: Internetsucht	155
23	**Neuer Stress mit neuen Medien**	**157**
	Was sind soziale Medien und was ist gefährlich daran?	160
	Braucht man das neue Produkt XY, um erfolgreich/fit/schön/gesund zu sein?	161
	Checkliste: Soziale Medien sinnvoll nutzen	161
24	**Silvester: Coline zieht Resümee und fasst neue Vorsätze**	**162**
	Literatur	**164**
	Hilfreiche Weblinks	**166**

Vorwort

Erwachsen werden – das ist für jeden schwer. Für einen jungen Menschen mit Asperger-Autismus oft besonders. Durch ihre Behinderung weisen Asperger-Autisten Defizite vor allem im sozialen und kommunikativen Bereich auf. Ihr Denken und Handeln ist von einer anderen Logik geprägt und es fällt ihnen schwer, sich in das Denken, Fühlen und Handeln ihrer Mitmenschen hineinzuversetzen.

Beim Übergang vom Kind zum Erwachsenen spüren viele Asperger-Autisten ihre Behinderung so stark wie nie zuvor. Ihre mangelnde Selbstständigkeit, ihre Hilflosigkeit in vielen Alltagsituationen und das Angewiesensein auf fremde Hilfe fallen in einem Alter, in dem die meisten Gleichaltrigen immer selbstständiger werden, verstärkt auf. Einige junge Menschen mit Autismus merken jetzt, dass sie wahrscheinlich ihr Leben lang Unterstützung brauchen werden und sie manche Ziele nie erreichen können. Manche geben resigniert auf und fügen sich in ein Leben geprägt von Abhängigkeit, Arbeitslosigkeit oder -unfähigkeit und Selbstmitleid. Andere Autisten wollen das »dennoch« wagen und stürzen sich voller Elan in ein eigenes Leben. Das kann zum Scheitern führen, manchmal auch zum Erfolg. In jedem Fall ist es ein schwerer Weg, der viel Kraft erfordert und bei dem Rückschläge auf der Tagesordnung stehen.

Eine erste große Herausforderung steht an, wenn sich der junge Asperger-Autist in die Berufswelt eingliedern möchte oder ein Studium bzw. eine Ausbildung beginnt. In seinem neuen Umfeld tun sich für ihn viele Fragen auf: Soll/Muss ich den Kollegen vom Autismus erzählen? Und wenn ja, wie? Auch der erste eigene Haushalt bedeutet, neues zu erlernen und eigene Grenzen der Selbstorganisation kennen zu lernen. Die Ziele sollten dabei nie zu hoch gesteckt sein. Niemand ist vom ersten Tag an eine perfekte Hausfrau bzw. ein perfekter Hausmann. Es gilt, Geduld mit sich selbst zu haben und Rückschläge nicht als Niederlage zu sehen, sondern als Zwischenstopp auf dem Weg nach oben.

Die junge Asperger-Autistin Coline versucht dieses Lebensmotto umzusetzen. Sie ist nun erwachsen, hat ihr Abitur und ihren Führerschein erfolgreich gemacht und den Kopf voller Pläne für die Zukunft. Um ihr Ziel, eine erfolgreiche Forscherin zu werden, zu verwirklichen, muss Coline von zu Hause ausziehen und in einer fernen Stadt ihr Studium beginnen. Dort ist sie größtenteils auf sich allein gestellt. Zwar sind ihr Opa und ihre Mutter immer noch für die junge Frau da, aber die räumliche Distanz zwingt Coline an vielen Stellen zu mehr Selbstständigkeit. Vielleicht sogar zu mehr, als sie sich selbst zugetraut hätte. Unterstützend und beratend an ihre Seite tritt nun immer häufiger die Therapeutin Frau Hilfreich. Coline hört oft auf ihre Tipps und vertraut ihr Probleme, Ängste und Sorgen an.

Die erwachsene Coline geht mit Mut und Zuversicht ihr neues Leben an. Sie hat das feste Ziel vor Augen, Spuren zu hinterlassen. Das können viele andere Menschen mit Autismus auch. Sie müssen sich nur trauen und bereit sein, für Träume zu kämpfen.

Nicole Schuster

1 Coline macht den Führerschein

Liebes Tagebuch,

heute war ein besonderer Tag. Heute saß ich das erste Mal in einem richtigen Auto am Steuer. Natürlich nicht alleine aber auch nicht mit meinem Fahrlehrer. Nein, mit Opa. Und das war wirklich toll. Zumindest fand ich es super, Opa wohl eher weniger. Aber der Reihe nach. Ich bin schon seit Wochen regelmäßig zum theoretischen Fahrunterricht gegangen. Sehr spannend ist dieser Unterricht nicht. Da lernt man fast nur so Dinge wie Straßenregeln, zum Beispiel »rechts vor links«, die ich schon längst alle kenne. Wo aber das Gaspedal und wo die Bremse ist und wie so ein rätselhaftes Ding namens Kupplung zu bedienen ist, lernt man dort nicht.

Unser Fahrlehrer Olli meinte, es sei nun bald an der Zeit, dass ich das erste Mal mit ihm Autofahren übe. Die meisten Fahrschüler freuen sich darauf. Ich nicht. Ich war sicher, dass ich mich schrecklich blamieren würde, da ich überhaupt nichts darüber wusste, wie man ein Auto bedient.

Damit ich mich bei meiner ersten Fahrstunde mit Olli nicht zu dumm anstellen würde, schlug Opa vor, davor etwas zu üben.

»Wie soll denn das gehen?«, fragte ich. »Ich darf doch ohne Führerschein noch gar nicht fahren.«

»Auf der Straße natürlich nicht. Aber ich weiß, wo es trotzdem geht.« Opa zwinkerte mir zu. »Wir fahren zu einem Verkehrsübungsplatz.«

»Was ist denn das?«

Opa erklärte, dass das ein Gelände sei, auf dem man, wenn man sich zuvor angemeldet und Geld bezahlt habe, auch fahren dürfe, wenn man noch keinen Führerschein besäße.

Am nächsten Samstag fuhren Opa und ich zu einem solchen Verkehrsübungsplatz. Opa fiel das Autofahren zunehmend schwerer.

Er ist ja auch schon alt und kann nicht mehr so gut sehen und hören und seine Reaktionsfähigkeit hat auch nachgelassen. Trotzdem kriegte er es einigermaßen hin, uns heil zu unserem Ziel zu bringen. Ich musste ihn unterwegs nur zwei Mal an eine rote Ampel erinnern, die er sonst nicht beachtet hätte, und nur einmal warnen, als ein Kind genau vor uns über die Straße lief.

Als wir endlich auf einen Platz einbogen, der mit »Verkehrsübungsplatz« überschrieben war, wischte Opa sich den Schweiß von der Stirn. Dann meldete er uns an, stöhnte dabei leise vor sich hin (das macht er immer, wenn er angestrengt ist) und endlich war es so weit: Opa und ich tauschten die Plätze. Und da saß ich

1 Coline macht den Führerschein

nun. Drei komische Pedale an meinen Füßen, rechts neben mir dieses Rührteil, das man Schaltknüppel nennt und vor mir das Lenkrad mit jeweils einem Stab an jeder Seite. Die Stäbe haben irgendetwas mit Licht und Scheibenwischern zu tun.

»Das ist richtig«, sagte Opa und dann zeige er mir, wie man mit dem linken Hebel blinken kann. Blinken ist immer dann wichtig, wenn man abbiegen will. Das wusste ich aus der Fahrschule. Dann zu den Pedalen. Opa zeigte mir, welches das Gaspedal ist, wo die Bremse und wo die Kupplung ist.

»Erst auskuppeln, dann in einen anderen Gang schalten, dann wieder einkuppeln«, sagte Opa.

»Aus- um-, ein-, was bitte?«, ich verstand gar nichts mehr. In was für einer komischen Sprache redete Opa denn da plötzlich?

Opa wiederholte dieses Kauderwelsch und sagte noch einiges anderes, das ich nicht verstand. Dann meinte er:

»Am besten lernt man das sowieso beim Fahren. Also los, versuch es einfach mal.«

»Wirklich? Jetzt, gleich, sofort?« fragte ich.

»Kann doch nichts passieren«, sagte Opa. Es klang so zuversichtlich wie damals, als er sagte, dass Nairobi irgendwo in Asien liege. Dabei weiß doch jeder, dass das die Hauptstadt von Kenia ist, also in Afrika liegt.

Mit der rechten Hand krallte sich Opa am Griff an der Innenseite der Tür fest. Opa atmete tief durch, ich atmete tief durch. Wie war das noch mal? Kupplung ein-, um-, aus-, ach, egal, jedenfalls drauftreten, dann starten, Gas geben? Oder umgekehrt? Ich sah zu Opa. Der aber starrte geradeaus, sein Unterkiefer vibrierte gegen seinen Oberkiefer.

Ich drehte jetzt einfach den Zündschlüssel rum, trat mit dem Fuß auf die Kupplung und das Gaspedal durch. Mit einem Satz rasten wir nach vorne, Opa schrie »Bremsen!«. Bremsen wollte ich ja gerne, doch wie? Wo, verflixt, war noch mal die Bremse? Rechts, links in der Mitte? In wilder Panik probierte ich alle Pedale durch. Es knarrte und peitschte, aber ich hatte anscheinend das richtige Pedal erwischt, jedenfalls standen wir.

»Wow«, sagte ich. Einfach nur toll hatte sich das angefühlt: Coline hatte ganz alleine ein Auto zum Fahren gebracht. Und wir waren sogar ein bisschen gehüpft! Das hatte Opa noch nie fertig gebracht.

Warum war es aber auf einmal so dunkel? Ich hob den Kopf von unter dem Lenkrad hervor, da ich auf die Pedale geschaut hatte, und sah jetzt durch die Frontscheibe raus. Und da sah ich nur Äste, Zweige und Blätter.

»Wo sind wir?« fragte ich Opa.

»In einem Holunderstrauch«, sagte Opa.

»Coline, warum hast du nicht gebremst? Habe ich dir nicht gesagt, dass du dich sofort an all meine Anweisungen halten musst?«

Ja, das hatte Opa gesagt. Er hatte aber nicht gesagt, wie schwer es ist, das richtige Pedal zu finden. Es steht schließlich nicht drauf geschrieben »hier Bremse«, »hier Gas«.

»Darf ich noch mal? Wie funktioniert der Rückwärtsgang?«, fragte ich.

1 Coline macht den Führerschein

»Coline, für heute reicht es. Lass mich wieder ans Steuer.«

»Ach bitte, Opi. Es macht gerade so viel Spaß.«

»Es reicht. Ich kann nicht mehr.«

Opa war im Gesicht fast so beige-blass wie das Sitzpolster. Seine Haare standen wild in alle Richtungen. Opa versuchte auszusteigen, aber die Äste ließen ihm nicht genug Platz.

»Coline, klettre bitte nach hinten auf die Rückbank, damit ich mich auf den Fahrersitz setzen kann.«

Ich war mit zwei Sätzen hinten, Opa aber brauchte ewig, bis er über den Schaltknüppel in der Mitte geklettert war und sich auf den Fahrersitz fallen lassen konnte.

Opa fuhr uns aus dem Holunderstrauch raus. Draußen stand ein Kreis voller Leute, die sofort durch die Scheibe riefen, ob alles in Ordnung sei. Opa nickte.

»Alles klar. Nur ein kleines Missgeschick.«

Opa hielt erst wieder an, als wir ein Stück vom Übungsgelände entfernt waren. Dann humpelte er – richtig gehen kann Opi nicht mehr – um das Auto herum, wischte mit dem Finger hier und da über einen Kratzer von den Ästen und murmelte vor sich hin.

»Na, deine Mutter wird sich freuen«, sagte er, als er sich wieder neben mich ins Auto setzte.

»Ja? Worüber denn?«, fragte ich. »Dass ich so fein gehüpft bin mit dem Auto?«

»Das war ironisch gemeint«, fauchte Opa.

Ach so. Es bedeutete also, dass Mama alles andere als erfreut sein würde. Und wirklich. Mama war ziemlich wütend, als sie die Kratzer und Flecken von grünen Blättern und Ästen an ihrem Auto sah.

»Mit meinem Auto fährst du mir nicht mehr«, sagte sie. »Du hast dich ja angestellt wie der erste Mensch. Jeder Idiot fährt spielend seine erste Runden und du? Verwechselst die Pedale! Meine Güte, Coline!«

»Das kann doch jedem mal passieren!«

»Dir passiert so etwas aber ständig. Du musst dich mehr konzentrieren.«

Jetzt wurde mir alles zu viel. Mama war ja so ungerecht. Immer verglich sie mich mit anderen, mit gesunden, nicht-autistischen Menschen.

»Was kann ich denn dafür, wenn ich zu behindert bin, um Auto fahren zu können? Das hättet ihr vorher wissen müssen.«

Ich rannte in mein Zimmer. Ach, liebes Tagebuch, ich habe mir, seit ich denken kann, gewünscht, Auto fahren zu können. Nie mehr mit dem stinkenden Bus fahren, nie mehr eingepfercht zwischen ekligen Körpern Bahn fahren. Auto fahren ist Freiheit, Unabhängigkeit, ist Leben. Aber bin ich fürs Auto fahren gemacht? Oder bin ich zu ungeschickt dafür? Vielleicht auch zu blöd? Jeder kann die Pedale richtig bedienen. Sogar ein Idiot kann das besser als ich. Sagt Mama.

Ich war ganz verzweifelt.

Es war einige Tage später, draußen war es schon leicht dunkel und ich saß lustlos in meinem Zimmer herum. Seit dem missglückten ersten Fahrversuch war ich nur noch unglücklich. Da kam Mama zu mir.

»Coline, gehst du heute nicht zur Fahrschule? Der Kurs fängt gleich an.«

»Warum soll ich denn da noch hingehen? Hat doch eh keinen Zweck. Ich werde nie Auto fahren können.«

»Aber Coline, nun sag doch so was nicht! Jeder kann Auto fahren lernen. Bei manchen dauert es nur etwas länger.«

»Ich bin dann eben ein Sonderfall. Du hast selbst gesagt, dass jeder Idiot das besser kann als ich. Ich bin einfach zu blöd dazu. Jawohl.«

»Nichts jawohl! Ich hab einen Fehler gemacht. Ich hätte das nicht sagen dürfen. Das war fies von mir.«

»Wirklich?«

»Ja. Ich habe total überreagiert. Hatte Stress auf der Arbeit und dann auch noch einen unangenehmen Anruf vom Steuerberater. Es war falsch und gemein von mir, das an dir auszulassen.«

»Ist schon gut«, sagte ich.

Mama schwieg. Dann fragte sie grinsend:

»Soll ich dir mal was erzählen? Als ich das erste Mal im Auto saß, weißt du, was da passiert ist?«

»Natürlich nicht. Ich war ja nicht dabei.«

»Also, ich sollte losfahren, vor mir stand in einigen Metern Abstand ein parkendes Auto. Leider hatte ich zu viel Gas gegeben und wir sausten nach vorne direkt auf das andere Auto zu.«

»Und dann hat es ,rumms' gemacht?« fragte ich.

»Nein. Der Fahrlehrer trat ganz kräftig auf die Bremse und wir kamen zum Stehen. Zum Glück. Im Fahrschulauto hat es eben schon seinen Sinn, dass auch der Fahrlehrer Pedale hat. Jedenfalls ist nichts passiert. Aber ich habe trotzdem gedacht, dass ich das mit dem Auto fahren nie lernen werde.«

»Aber es hat doch geklappt. Jetzt hast du doch den Führerschein.«

»Ja. Weil ich nicht aufgegeben habe. Ich habe mich wieder und wieder hinters Steuer gesetzt, weiter geübt und es hat immer besser geklappt. Richtig sicher habe ich mich aber erst gefühlt, nachdem ich Jahre lang Auto gefahren bin.«

Ich holte tief Luft.

»Also meinst du, dass selbst bei mir noch Hoffnung besteht?«

»Aber auf jeden Fall! Und daher ziehst du dir jetzt sofort etwas Anständiges an und gehst zum Unterricht.«

In der Theoriestunde sprachen wir heute über Straßenzeichen und Straßenmarkierungen.

»Was bedeutet das?« fragte Olli.

»Das ist ein Zebrastreifen«, antwortete Kai-Simon. Das war richtig.

»Und was heißt das für uns?«

»Dass man hier Leute die Straße überqueren lassen sollte«, sagte Miri.

»Nein«, sagte ich.

»Nein?«, fragte Olli und zog die Augenbrauen hoch. Einige kicherten.

»Was heißt es denn dann?«, fragte Kai-Simon.

Ich stand auf und sagte das, was ich aus meinen Unterlagen gelernt hatte.

»Ein Zebrastreifen, also ein Fußgängerüberweg, ist wie eine rote Ampel, wenn Personen am Straßenrand stehen und ihn erkennbar nutzen wollen. Man sollte nicht nur anhalten, man MUSS anhalten.«

»Oh, Mann, bist du aber oberschlau«, murmelte Kai-Simon. Olli aber nickte mehrmals.

»Sehr richtig, Coline hat völlig Recht. Und sie hat es schön erklärt. Coline, du wärst eine ideale Polizistin.«

»Ich will aber nicht Polizistin werden. Ich werde Biologin«, erklärte ich. »Und dann erforsche ich Moose. Mein erstes Ziel wird sein, mehr Lebensraum für Moose zu schaffen. Hättet ihr gedacht, dass bestimmte Moosarten sogar an der Autobahn wachsen können? Trotz der vielen Abgase?«

»Äh nein, wussten wir noch nicht. Und bevor du uns das jetzt ausführlich erklärst, machen wir schnell weiter mit unseren Verkehrszeichen«, sagte Olli.

Nach der Stunde kam Olli auf mich zu.

»Coline, wann willst du denn endlich das erste Mal Auto fahren? Hier im theoretischen Unterricht kann ich dir schon lange nichts mehr beibringen.

»Ich bin doch schon längst Auto gefahren!«, rief ich. »Besser gesagt gehüpft. In einen Holunderstrauch hinein.«

»Uhi«, sagte Olli. »Dann kann es das nächste Mal ja nur besser werden. Vielleicht ein Brombeerstrauch?«

Ich zuckte mit den Schultern. Das macht man so, wenn man nicht weiß, was der andere eigentlich meint.

»Was ist mit morgen? 16 Uhr? Ich hole dich ab.«

Bevor ich etwas sagen konnte, hielt Olli mir den erhobenen Daumen hin und verschwand. Das bedeutet »Alles klar«, »Abgemacht«, dabei war für mich nichts klar und ich hatte auch nichts abmachen wollen.

Liebes Tagebuch, mit ganz weichen Knien ging ich nach Hause. Morgen schon sollte ich wieder im Auto sitzen. Und dann auch noch auf einer richtigen Straße. Ich hatte Angst. Ich kann doch gar nicht Auto fahren.

Am nächsten Tag in der Schule konnte ich an nichts anderes als an den furchtbaren Nachmittag denken. 16 Uhr war ja auch so eine doofe Zeit. Da machte ich doch eigentlich Hausaufgaben. Und um Viertel vor fünf musste ich unbedingt zurück zu Hause sein. Denn um 17 Uhr esse ich Käsekuchen.

Ich würde heute also erst um halb sechs Hausaufgaben machen können. Dann hätte ich aber nur noch anderthalb Stunden Zeit für die Hausaufgaben, bis um sieben Uhr meine Lieblingssendung »Lebe leichter« im Fernsehen kommt. Ich überlegte und überlegte. Dann hatte ich mir einen Plan zurechtgelegt. Ich wiederholte ihn immer wieder in Gedanken, damit er sich festsetzen würde und ich ihn heute Nachmittag ohne viel nachdenken zu müssen befolgen konnte.

»Coline!«, rief da der Lehrer. »Du bist dran. Hausaufgaben vortragen.«

Ich schreckte hoch und rasselte schnell runter, was in meinem Kopf war.

»Heute 14 Uhr Mittagessen. Um 14:30 Uhr Erholung, dabei einen Riegel Schokolade essen. Um 15 Uhr eine halbe Stunde Hausaufgaben machen. Um 15:30 Uhr Entspannungsübungen machen. Um 16 Uhr Fahrstunde, aber nicht länger als bis 16:45 Uhr. Um 17 Uhr muss ich Käsekuchen essen und Tee trinken. Bis halb sechs. Von halb sechs bis 19 Uhr habe ich Zeit für die Hausaufgaben. Ich muss in dieser Zeit unbedingt alles schaffen. Um 19 Uhr gucke ich nämlich »Lebe leichter« und...« plötzlich merkte ich, was ich da erzählte. Alle lachten.

»Nett, Coline. Magst du uns auch etwas aus Goethes Faust vortragen? Das interessiert uns nämlich noch mehr als dein Tagesplan.«

Pünktlich um 16 Uhr kam mich Olli abholen. Er erklärte mir noch mal in aller Ruhe, was die ganzen Pedale, Knöpfe, Hebel und Schalter bedeuten. Dann ging es los. Ich sollte ganz langsam die Straße entlang fahren. Da wir in einer einsamen Spielstraße wohnen, brauchte ich das Auto nur rollen zu lassen. Danach fuhr ich noch ganz langsam in ein paar Nachbarstraßen. Und schon das war furchtbar anstrengend. Schweißperlen sammelten sich auf meiner Stirn und ich versuchte krampfhaft, das Lenkrad gerade und ruhig zu halten. So sehr wie meine Hände und Arme vor Aufregung zitterten, war das aber gar nicht so leicht. Aber es klappte.

Olli ließ mich schließlich anhalten.

»Gut gemacht«, lobte er. »Und jetzt fahren wir auf eine Straße, wo du etwas schneller fahren darfst als Schrittgeschwindigkeit. Und denk immer daran: Ich habe auch eine Bremse, es kann nichts passieren.«

Olli wies keines der typischen Zeichen wie an der Tür festkrallen auf, das darauf schließen lassen könnte, dass er nervös war. Anscheinend war er wirklich ganz ruhig und sorglos. Das gab mir Selbstvertrauen und siehe da – es klappte immer besser! Ich war ganz fasziniert, als ich mit 50 km/h eine Straße entlangfuhr und sogar rechtzeitig vor einer roten Ampel das Bremspedal fand. Nur beim Starten versagte ich. Als die Ampel grün wurde, war Ende. Der doofe Motor ging immer wieder aus. Na ja, nach drei weiteren Ampelphasen und begleitet von einem lauten Hupkonzert durch die lange Autokette hinter mir kamen wir schließlich doch vom Fleck und rollten langsam über die Kreuzung.

Dann war die erste Fahrstunde auch schon vorbei. Die Zeit war nur so dahin gerast, genauso wie wir über die Landstraße. Olli brachte mich zurück nach Hause und ich war mächtig stolz auf mich. Und das Beste war: Es war genau Viertel vor fünf. Ich hatte also meinen Tagesplan perfekt einhalten können.

Liebes Tagebuch, es sind jetzt viele Wochen vergangen, seit ich das erste Mal in einem Auto gesessen habe. Und heute war ein sehr großer Tag für mich. Ich habe heute mit Opa zusammen eine kleine grüne Karte beim Straßenverkehrsamt abgeholt. Diese kleine grüne Karte nennt man Führerschein. Führerschein ist eigentlich ein komischer Name. Manche Menschen sagen auch Fahrerlaubnis für das Führen von Kraftfahrzeugen dazu. Das passt besser.

Aber weißt du, was noch besser passt? PuLBE. Wofür das steht?

Na, für Pedal- und Lenkrad-Bedien-Erlaubnis. Genial, oder?

Mit meiner grünen PuLBE darf ich jetzt Auto fahren. Überall. Vor ein paar Wochen hätte ich nicht gedacht, dass ich das jemals schaffe. Und was lernt man daraus? Manche Dinge brauchen einfach Zeit. Und: Opas sind keine guten Fahrlehrer, sie sind zu alt und sie haben keine Pedale zum Bremsen. Das allerwichtigste aber ist und gilt für alle Lebenslagen: Man darf nie die Hoffnung aufgeben!

Führerschein trotz Autismus?

Eine milde Form des Autismus wie das Asperger-Syndrom steht an sich dem Erwerb einer Fahrerlaubnis nicht entgegen. Allerdings ist zu beachten, dass gerade Aspergerautistische Menschen häufig unter Koordinations- und Bewegungsstörungen leiden. Dies kann das Bedienen eines Autos erheblich erschweren. Des Weiteren gilt zu beachten, dass autistische Menschen eine veränderte Wahrnehmung haben können. Schwierigkeiten im Straßenverkehr können dann eintreten, wenn die visuelle oder auditive Wahrnehmung nicht richtig funktioniert. Abstände können unter Umständen nicht richtig eingeschätzt und herannahende Autos akustisch falsch eingeordnet werden. Gerade Situationen, die ein gutes Augenmaß erfordern, wie Einparken oder Fahren im dicht gedrängten Stadtverkehr, können zu Herausforderungen werden. Ohnehin bedeutet der Stadtverkehr mit all seiner Hektik, den unerwarteten Ereignissen wie plötzlich auf die Straße tretenden Menschen, ausparkenden Autos und dem Spurwechsel anderer Autos für jeden Autofahrer und mehr noch für einen autistischen Fahrer Herausforderungen. Autisten verlieren nicht nur allgemein schneller den Überblick, sie brauchen auch oft mehr Zeit zum Reagieren, was in einigen Situationen im Straßenverkehr durchaus gefährlich werden kann.

Das bedeutet aber nicht, dass autistische Menschen, mit Wahrnehmungs- oder Koordinationsschwierigkeiten darauf verzichten sollten, ein Auto zu fahren. Ihrer eigenen Sicherheit und die der anderen Verkehrsteilnehmer zuliebe sollten sie aber ihre Grenzen kennen und ihnen Rechnung tragen. Lieber einmal zu oft nach links und rechts geschaut oder freiwillig auf die eigene Vorfahrt verzichtet, als einen Unfall bauen. Hilfreich ist es weiterhin, sich an Tipps wie diesen zu orientieren:

- Vor dem ersten Autofahren kann es helfen, sich theoretisch mit der Bedienung des Autos zu beschäftigen
- »Trockenübungen« sind sinnvoll, d. h. ohne zu starten die Bewegungsabläufe im Auto trainieren
- Lieber ein paar Fahrstunden mehr nehmen, bis man sich richtig sicher fühlt, als zu früh zu viel von sich zu verlangen
- Bei motorischen Einschränkungen können Autos mit Automatik-Schaltung helfen
- Um das Stresslevel gering zu halten, besser – sofern möglich – die Rush Hour in Städten und den Berufsverkehr auf der Autobahn meiden
- Sich von anderen Autofahrern nicht provozieren lassen! In der Ruhe liegt die Kraft
- Berücksichtigen, dass Multitasking zum Scheitern verurteilt ist. Beim Autofahren also weder telefonieren noch essen und am besten auch keine Unterhaltung führen

Hilfreiche Links im Internet

Informationen zu Verkehrsübungsplätzen in Deutschland:
www.verkehrsuebungsplatz-info.de

Regeln für Fahranfänger:
https://www.fuehrerscheine.de/fuehrerschein/fahranfaenger/

Alles rund um die theoretische und praktische Ausbildung für den Erwerb des Führerscheins inklusive Forum:
www.fahrschule.de

Informationen zur Verkehrssicherheit vom Deutschen Verkehrssicherheitsrat (DVR):
https://www.dvr.de/

Tipps zum Autofahren mit Behinderung vom TÜV Rheinland:
https://www.tuv.com/germany/de/f%C3%BChrerschein-f%C3%BCr-menschen-mit-behinderung.html

2 Coline und die Abiturprüfung

Liebes Tagebuch,

kannst du dir vorstellen, was mir heute passiert ist? Ich habe in der schriftlichen Abiturprüfung in Biologie absolut versagt. Ausgerechnet in Biologie, meinem aller-, allerliebsten Lieblingsfach.

Wie es dazu gekommen ist? Das ist eine lange Geschichte. Dabei war ich doch so gut vorbereitet. Schon am letzten Schultag, als alle meines Jahrgangs den »Abistreich« durchgeführt haben und sehr zum Vergnügen der anderen Schüler die Lehrer verulkt haben, habe ich angefangen zu lernen. Dieser Abistreich wäre eh nichts für mich gewesen. Grässliches läuft da ab. Schon morgens ist nur Chaos. Die Schule ist abgesperrt und alles mit weiß-roten Absperrbändern zugehängt. Nur ein kleiner Eingang ist offen, da müssen sich alle Schüler und Lehrer durchquetschen. In dem engen Durchgang werden sie von den Abiturienten mit Wasserpistolen beschossen und mit Wasserbomben beworfen. Wer Pech hat und von einem Abiturienten gefasst wird, dem malen sie »ABI 10« auf die Wangen.

Auf dem Schulhof läuft am Abistreich-Tag fürchterlich laute Musik. Die Abiturienten sind alle betrunken. Das kommt daher, weil die meisten von ihnen schon die ganze Nacht Party gemacht haben. Jetzt holen sie einige Lehrer nach vorne auf eine Bühne, stellen ihnen respektlose Fragen, lassen sie an dämlichen Spielchen teilnehmen oder zwingen sie, Karaoke zu singen. Abscheulich und entwürdigend. Für die Lehrer, die auch noch freiwillig mitmachen, für die Abiturienten, die so betrunken sind, dass ihr Verstand aussetzt, und für die schaulustigen Schüler, die sich das ansehen und durch ihren Applaus Einverständnis signalisieren. Selbst die ganz jungen Kinder aus den unteren Stufen machen fleißig mit und lachen, tanzen und finden das alles »total cool«.

Nein, danke. Meine Vorstellung von »total cool« ist eindeutig eine andere. Ich habe mich an besagtem Tag entschuldigt und mit Magenschmerzen vom Unterricht, falls denn dieser überhaupt noch stattgefunden hat, befreit. Seit ich 18 bin, darf ich meine Entschuldigungen nämlich selbst schreiben, was sehr praktisch ist. Und gelogen war das mit den Magenbeschwerden auch nicht: Beim bloßen Gedanken an das, was an jenem Tag in der Schule ablaufen würde, wurde mir übel.

Ich verbrachte den Tag also zu Hause mit Lernen. Am Morgen stellte ich als erstes einen Lernplan auf. Dazu nahm ich ein Din-A3 Blatt, teilte es in 50 Tabellenkästchen, wobei jedes Kästchen für einen Lerntag stand. In jedes Kästchen trug ich das Pensum ein, das für den Tag zu erfüllen war. Das fertige Kalender-Poster hängte ich über meinem Schreibtisch an die Wand. Danach ging ich runter zum Frühstück. Opa las gerade in der Tageszeitung.

»Steht etwas interessantes drin?«, fragte ich.

»Ja«, sagte Opa. »Jede Menge.«

»Zum Beispiel?«

»Unsere Kanzlerin ist zur Politikerin des Jahrzehnts gewählt worden, der Ölpreis steigt mal wieder und der FC Fußballfreunde hat gewonnen.«

»Ich meinte etwas Interessantes«, sagte ich.

»Am Wochenende ist Zeitumstellung«, sagte Opa.

»Die ist doch jedes Jahr«, sagte ich und köpfte ein Frühstücksei. Das Ei war genau perfekt, im richtigen Zustand zwischen flüssig und fest. Ich tunkte etwas Brötchen in das Eigelb, salzte ordentlich und trank einen Schluck Kakao hinterher. Danach nahm ich mir die Seite vom Lokalteil. Und hier stand doch etwas Interessantes. Der Bürgermeister plante einen neuen Stadtpark. Warum hatte Opa das nicht gleich gesagt? Dort würden sie bestimmt auch Moospflänzchen anbauen.

Ich wollte mich bei Opa gerade beschweren, weil er mir das wichtigste verheimlichen wollte, da atmete er plötzlich ganz schwer. Er hatte in letzter Zeit öfter solche Anfälle von Luftnot. Irgendwas war mit seiner Lunge nicht in Ordnung. Opa war deswegen auch schon mehrmals im Krankenhaus gewesen, einmal vor ein paar Jahren sogar sehr lange. Damals hat man ihn operiert, genaueres weiß ich aber nicht. Opa mag nicht darüber sprechen.

Ich besah mir Opas Gesicht, die tiefen Falten, die dünnen, weißen Strähnen, die ihm ins Gesicht hingen, ich sah runter auf seine großen, knittrigen und zitternden Händen. Es stand außer Frage: Opa war alt geworden. Das tat weh. Es durfte nicht sein. Opa war immer da gewesen, hatte jeden Spaß mitgemacht und das, solange ich denken kann. Und jetzt war er plötzlich alt. Und irgendwann würde er gar nicht mehr sein. Leben ist vergänglich. So wie auch eine Moospflanze nicht ewig lebt. Irgendwann vergeht sie und macht Platz für neue Moospflänzchen, für neues Leben.

Ich wollte nicht länger darüber nachdenken und stand auf, um Opas Anblick zu entkommen, der mich sofort wieder an diese furchtbare Vergänglichkeit erinnern würde.

»Coline«, hustete Opa mir hinterher. »Du hast ja noch gar nicht aufgegessen.«

Ich konnte nicht mehr essen. Nicht, wenn Opa so fürchterlich alt neben mir saß.

Ich flüchtete in mein Zimmer und tat das, was immer bei Traurigkeit hilft: Arbeiten. Lernen hat schon immer bei doofen Dingen geholfen, zum Beispiel auch damals, als Mama ihren neuen Freund kennen gelernt hatte, diesen Gerhard, bei dem sie jetzt ständig ist. Aber nicht an Gerhard denken! Gerhard ist noch übler als Opas Greisenhaftigkeit. Ich schlug das Biologiebuch auf und begann zu lernen.

Pünktlich um elf Uhr machte ich Pause. Ich ging runter, hörte, wie Opa in seinem Lieblingssessel laut schnarchend schlief, und machte mir in der Küche ein

Brot mit Schoko-Nuss-Aufstrich. Ich nahm es mit in mein Zimmer, setzte mich aufs Bett und las in meinem neuen Krimi, während ich aß. Danach fuhr ich noch eine halbe Stunde auf meinem Heimtrainer, um den Kopf frei zu bekommen und danach ging es weiter mit dem Lernen.

Um halb zwei kam Mama von der Arbeit nach Hause. Sie wärmte das gestern Abend vorgekochte Essen für sich und Opa auf und ich machte mir Nudeln mit Ketchy's Ketchup, mein Lieblingsgericht. Beim Essen erzählte ich Mama von meinem Lernplan.

»Ist Opa alt?«, fragte ich, nachdem Opa vom Tisch aufgestanden war.

Mama zog die Augenbrauen hoch.

»88 Jahre ist er, Coline. Das ist alt.«

»Meinst du, er lebt noch lange?«, fragte ich mit zitternder Stimme.

Ich hatte Angst vor der Antwort.

»Bestimmt!«, sagte Mama. »Das wollen wir doch schwer hoffen.« Ich war erleichtert.

»Und warum atmet er so schwer? Und warum schnarcht er so röchelnd? Und warum tränen seine Augen immerzu und warum schnieft er so?«

»Na, weil Opas Allergie wieder angefangen hat! Es ist doch jetzt die Jahreszeit dafür. Die Pollen fliegen. Das sollte meine kleine Biologin eigentlich wissen.«

»Natürlich weiß ich, dass die Pollen fliegen. Aber ich wusste nicht, dass Opa deswegen so röchelt.«

Ich war beruhigt. Mein Arbeitspensum am Nachmittag erfüllte ich mit leichteren Gedanken.

Und so vergingen die Tage. Jeden Tag arbeitete ich ein Programm-Kästchen von meinem Lernposter ab. Plötzlich war Ostern da, was für mich dieses Jahr aber nicht stattfand. Ostern war laut Plan ein ganz normaler Arbeitstag mit acht Stunden Lernprogramm. So musste es sein. Nur so würde ich perfekt für die Prüfungen vorbereitet sein. Ich hielt den Plan bis zum letzten Tag durch. Eigentlich hätte jetzt laut Plan gar nichts mehr schief gehen können. Wenn ich nicht eine winzige Kleinigkeit übersehen hätte …

Meine erste Abiturprüfung war die in Biologie, meinem ersten Leistungskurs und meinem absoluten Lieblingsfach. Hierfür hatte ich am allermeisten gelernt.

Opa brachte mich am Prüfungstag zur Schule und ich kam pünktlich dort an. Sogar mehr als pünktlich. Ich war laut Schuluhr eine halbe Stunde zu früh und las noch mal 112 Notizzettel durch, auf denen das allerwichtigste in Kürze stand. Dann begann die Klausur.

Ich las die Aufgaben durch und war plötzlich gar nicht mehr aufgeregt. Ich konnte alles! Es war so leicht und ich wusste so viel zu schreiben. Ich legte nach einer Weile meine Armbanduhr ab, so dass ich die Zeit ständig im Blick hatte. Mir fiel so viel zum Schreiben ein und ich schrieb und schrieb. Ab und zu sah ich auf die Uhr. Ich lag ideal in der Zeit. Als ich noch eine gute Stunde vor mir hatte, machte ich ein paar Lockerungsübungen. Nur noch eine von fünf Aufgaben fehlte. Das war gut zu schaffen. Gerade, als ich den Stift wieder ansetzen wollte, rief der Lehrer: »Abgeben in einer viertel Stunde.«

Niemand sagte etwas, alle schrieben weiter. Mein Herz aber blieb stehen. So fühlte es sich zumindest an.

Laut kreischte ich: »Eine viertel Stunde? Wie das? Wir schreiben doch bis zwölf Uhr! Und jetzt ist es erst Viertel vor elf!«

»Viertel vor zwölf, Coline. Und jetzt sei still und schreib weiter.«

»Das kann nicht sein. Sehen sie auf meine Uhr!«, schrie ich. Einige aus der Klasse räusperten sich laut.

Der Lehrer kam zu mir.

»Viertel vor zwölf. Da siehst du es auf der Schuluhr, auf meiner Armbanduhr und draußen siehst du die Kirchturmuhr.«

»Dann gehen die alle falsch! Sehen Sie doch nur auf meine Armbanduhr.«

»Die steht noch auf Winterzeit.«

»Auf ... Winterzeit?«

»Ja, du hast vergessen, sie umzustellen.«

In mir brach alles zusammen. Regungslos saß ich da und sah alles an mir vorbeiziehen. Erst in den letzten Minuten konnte ich noch zwei Sätze zur letzten Aufgabe schreiben. Der Lehrer sammelte die Hefte ein. Ich blieb bewegungslos vor Entsetzen sitzen. Versagt. Ich hatte völlig versagt. Und das in Biologie. Erst nach einer halben Stunde konnte ich aufstehen und nach Hause gehen.

Liebes Tagebuch, wie konnte das nur passieren? Da denkt man, man hat an alles gedacht und dann so etwas. Liegt das an mir? Habe ich versagt, weil ich wegen des Autismus mit den praktischen, alltäglichen Dingen überfordert sein soll? Nein! Das kann und darf nicht sein. Ich lasse mich vom Autismus nicht besiegen und in meine Schranken weisen. Und weißt du was, liebes Tagebuch? Ich glaube, dass das auch anderen Menschen hätte passieren können. Zumindest hoffe ich es ... Es würde sich sonst zu schlimm anfühlen, mit dieser Dummheit allein zu sein.

Achtung, Ausnahmezustand: Prüfungen stehen an

Prüfungen sind für jeden Menschen etwas äußerst Unangenehmes. Der eine mag die lange Zeit der Vorbereitung davor am schlimmsten empfinden, für den anderen ist die Prüfungssituation an sich der blanke Horror. Wichtig, um den Prüfungen ihren Schrecken zu nehmen, ist für eine bestmögliche Vorbereitung zu sorgen. Dazu gehört auch, dass man zwischen den Lerneinheiten regelmäßige Pausen einhält. Gerade autistische Menschen neigen dazu, alles andere zu vergessen, wenn sie intensiv mit etwas beschäftigt sind, haben jedoch andererseits oft nur eine begrenzte Aufnahmespanne. Wenn sie zu lange vor den Büchern sitzen, ist das nicht mehr effektiv, sondern kann sogar kontraproduktiv sein. Zwischen den Lerneinheiten ist es daher ratsam, sich mit etwas ganz anderem zu befassen. Möglich ist, einen Spaziergang draußen zu machen, sich sportlich zu betätigen oder sich mit einer heißen Tasse Tee, einem Lieblingssnack oder einer gemütlichen Badewanne zu verwöhnen. Während diesen Entspannungsphasen sollte man vermeiden, an den Lernstoff zu denken. Danach gelingt das Lernen umso besser.

Vor großen Prüfungen erscheint das Lernpensum oft als nicht zu bewältigend groß. Hier ist es sinnvoll, sich einen Überblick über den ganzen Stoff zu verschaffen und auf einer Liste in Stichworten festzuhalten, was alles anliegt. Dann kann man auf einem großen Plan für jeden Tag ein gewisses Lernpensum festsetzen. Die einzelnen Lerneinheiten sollten auf keinen Fall zu groß sein, da sonst die Gefahr besteht, dass sich die Tagesprogramme nicht einhalten lassen. Und wenn man schon nach den ersten Tagen merkt, dass jeden Tag weiterer Lernstoff liegen bleibt, verliert man schnell allen Mut und es droht im schlimmsten Fall die totale Resignation.

Bestenfalls sollte man am Tag vor der Prüfung gar nicht mehr oder kaum noch lernen. Sinnvoll ist es, sich dann mit angenehmen Dingen zu beschäftigen und sich so gut es geht vor dem großen Tag zu entspannen. Wer abends nicht schlafen kann, dem kann ein pflanzliches Beruhigungsmittel wie Baldrian oder noch sanfter eine große Tasse warme Milch mit Honig helfen.

Den Prüfungstag selbst sollte man als Herausforderung ansehen, aus der man nur als Gewinner hervorgehen kann. Selbst im schlimmsten Fall, wenn man bei der Prüfung durchfällt, hat man doch etwas gewonnen: Ganz viel Erfahrung. Und diese Erfahrung kann sogar wertvoller sein, als eine bestandene Prüfung. Denn oft sind es gerade die scheinbaren Rückschläge im Leben, die einen erst richtig vorwärts bringen. Wer sich das vor Augen hält, der braucht vor einer Prüfung keine Angst mehr zu haben.

Checkliste: Fit für Prüfungen und Co.

- Was muss ich alles wissen? Unterlagen sortieren und die Hauptthemen notieren
- Den Stoff in Einheiten aufteilen
- Die Einheiten auf die zum Lernen zur Verfügung stehenden Tage verteilen
- Zeit für Erholungsphasen berücksichtigen und auf ausreichend Schlaf, Bewegung und gesundes Essen achten

2 Coline und die Abiturprüfung

- Nicht entmutigen lassen, wenn sich der Plan einmal nicht einhalten lässt. Unter Umständen den übrig gebliebenen Stoff ganz weglassen. Wer eine Prüfung bestehen will, braucht manchmal auch den »Mut zur Lücke«
- Den Prüfungstag als Tag einer interessanten, neuen Erfahrung ansehen und von vorneherein beschließen, sich selbst jeden Fehler zu verzeihen
- Keine zu hohe Erwartung aufbauen und sich nicht unter Druck setzen. Bereit sein, sich von sich selbst und der Prüfungssituation überraschen zu lassen
- Bei mündlichen Prüfungen gilt: Nie nichts sagen! Wer auf die eigentliche Frage keine direkte Antwort weiß, sollte das sagen, was er weiß. Nur Gesagtes kann benotet werden. Wer schweigt, sagt zwar mit Sicherheit nichts falsches, kann aber auch nicht punkten
- Und zuletzt: Auch Prüfer sind Menschen. Die wenigsten haben ein Interesse daran, einen Prüfling durchfallen zu lassen

Hilfreiche Links im Internet

Informationen zu Prüfungsangst und Bewältigungstipps:
https://www.fu-berlin.de/sites/studienberatung/psychologische_beratung/texte_alt/pruefungsangst.html

Themenportal zum Thema Prüfungsangst:
www.pruefungsangst.de

Tipps für die Prüfungsvorbereitung:
www.pruefungsamt.de/pruefungsvorbereitungen.php

3 Das Experiment: Coline zieht aus

Liebes Tagebuch,

ich bin jetzt 19 Jahre alt. Ich habe vor einer Woche, drei Tagen und 14 Stunden mein Abiturzeugnis bekommen. Ich habe die beste Note aus der ganzen Jahrgangsstufe.

Alle meinen, ich sei jetzt glücklich. Glück aber spüre ich nicht. Eher Erleichterung. Ich kann auch erklären, warum: Dadurch, dass ich die Jahrgangsstufenbeste bin, kann ich jetzt jedem beweisen, dass ich etwas kann, dass ich eine Berechtigung habe zu leben.

Hört sich das komisch an? Vielleicht. Aber ich empfinde es so. Andere Menschen haben eine Berechtigung zu leben, weil sie liebenswert sind, weil sie Menschen lieben und diese Menschen sie lieben. Sie sind soziale Wesen und damit ein Teil der »Menschenherde«.

Ich bin anders. Ich gehöre nicht zur Herde. Ich mag Menschen im Großen und Ganzen nicht sonderlich und mich mögen die meisten auch nicht. Ich fühle mich nicht wie ein soziales Wesen. Ich fühle mich als etwas Besonderes, Auserwähltes. Und daher muss ich Leistung bringen. Das ist meine Verpflichtung und erhabene Aufgabe, der Zweck meiner Existenz.

Das klingt geschwollen, glücklich macht es aber nicht. Es ist pure Pflichterfüllung und ich bin immer wieder froh, wenn ich meine Pflicht getan habe. Und das schlimme ist, dass ich mich jetzt nicht ausruhen darf, um den Erfolg zu genießen, sondern dass es gleich weitergehen muss. Ich muss studieren. Und zwar Molekularbiologie. Das ist der Weg, der große Plan.

Es wird ein harter Weg werden. Das weiß ich. Liebes Tagebuch, ich habe Angst. Aber es muss sein. Auch wenn es noch so schlimm ist. Denn, liebes Tagebuch, ich wage es kaum auszusprechen, aber die nächste Universität mit dem Fach Molekularbiologie liegt in einer Stadt, die 411 km von zu Hause entfernt ist. 411 Kilometer. Oder viereinhalb Stunden Autofahrt. Fünf Stunden Zugfahrt. Wenn alles gut geht. Wenn es keine Bahnverspätungen oder Zugausfälle gibt.

411 Kilometer bedeutet vor allem eins: Ich muss ausziehen. Weg von meinem geliebten Kinder- und Jugendzimmer. Weg von Opa. Weg von Mama. Einfach nur weg. Weg für immer.

Aber es geht nicht anders. Ich habe lange nachgedacht. Aber 411 km morgens hin und abends zurück, das macht 822 km pro Tag, das ist zu viel. Das geht nicht.

Meine zweite Idee war, dass Mama und Opa mit mir in die andere Stadt kommen. Das wäre die einfachste, schönste, beste Lösung! Wir würden nur die jetzige Wohnung gegen eine neue tauschen, könnten alle Möbel mitnehmen und es wäre fast so wie früher. Aber es geht nicht. Warum es nicht geht? Weil Opa ein alter Baum ist. Frag mich nicht, liebes Tagebuch, was das schon wieder bedeutet. Jedenfalls sagte Opa, als ich ihm meine Idee präsentierte: »Einen alten Baum verpflanzt man nicht mehr.« Mit »altem Baum« meinte er sich selbst, und mit »verpflanzen« umziehen. Das hat er mir erklärt. Verstanden habe ich das aber trotzdem nicht richtig, nur so viel: Opa wird nicht mit mir umziehen.

Und Mama auch nicht. Sie sagte, dass sie ihren Job nicht aufgeben könne. Das ließ ich nicht gelten, sie könnte sich doch einfach einen neuen Job suchen. So viel wie sie immer über ihre Arbeit jammert. Dann sagte Mama, dass sie nicht so weit von Papas Grab weg möchte, da sie weiterhin jedes Wochenende dort hingehen möchte. Das kann ich verstehen. Dass ist ja auch eine wichtige Regel. Und da wurde mir bewusst, dass ich dann ja bald nicht mehr jeden Sonntag mit Mama und Opa zu Papas Grab gehen kann. Einen Moment überlegte ich, ob ich doch lieber hier bleiben sollte. Aber was dann? Das ganze Leben in meinem Kinderzimmer hocken? Verlockende Idee. Es könnte so schön sein, ich könnte jeden Tag genauso leben, wie es mir gut tut, ich könnte,…, aber halt, gar nicht erst darüber nachdenken, denn das kommt eh nicht infrage. Der Weg geht nun mal in eine andere Richtung: Molekularbiologie.

Ich muss etwas erreichen im Leben. Richtig Spuren hinterlassen. Wenn ich sterbe, soll man sich an mich erinnern. An Coline, die Große. Hi hi, das gefällt mir. Und deshalb muss ich Molekularbiologie studieren! Ich MUSS! Das verstehst du doch, liebes Tagebuch, oder? Oder nicht?

Heute kam ein Brief von der Universität. Er lag auf dem Küchentisch, einfach so und machte durch seine bloße Anwesenheit Angst. Mama sagte: »Na los, mach schon auf!« Auch Opa konnte es kaum erwarten, den Inhalt kennen zu lernen. Nur ich nicht. Ich hatte Angst. Was, wenn ich abgelehnt worden bin? Und noch schlimmer, was, wenn ich angenommen worden bin? Plötzlich wurde mir die Bedeutungsschwere dieses harmlos aussehenden Umschlags bewusst. Er bestimmte über meine Zukunft. Einmal geöffnet, würde nichts mehr wie zuvor sein. Angenommen, nicht angenommen, das war die große Frage. Warum hatte der dumme Brief nicht unterwegs verloren gehen können? Warum nur war er angekommen? Egal. Jetzt war er da und das war eine unverrückbare Tatsache. Und ich musste ihn öffnen. Das war ebenso Tatsache. Aufschieben hatte keinen Sinn. Der Brief würde auf mich warten. So viel war klar.

Mit zitternden Fingern riss ich das Kuvert auf. Dann entfaltete ich eines dieser amtlichen, säuberlich bedruckten und so wichtig aussehenden Schreiben.

»Und?« fragten Mama und Opa gleichzeitig. Ich sagte nichts.

»Und?«, wiederholten die beiden unisono. Ich musste was sagen.

»Ich soll zum Einschreiben kommen.«

Ich sah die beiden an. Einschreiben hieß, dass ich etwas ausfüllen muss und dann als »ordentliche Studentin« Mitglied der Universität sein würde. Damit war alles gesagt und es gab kein Zurück mehr: Coline muss ausziehen. ICH muss ausziehen. Ich muss ein eigenes Leben beginnen.

3 Das Experiment: Coline zieht aus

Ohne Mama.
Ohne Opa.
Ohne meine gewohnte Umgebung. Ich hatte Angst.

Noch am selben Abend berichtete ich auf meiner Asperger-Mailing-Liste davon und beschrieb meine Gefühle. Tanja, eine der Moderatorinnen, antwortete als erste:

»Hey Coline, ich kann dich sehr gut verstehen. Auch mir würde es verdammt schwer fallen, mein Zuhause zu verlassen. Andererseits können wir nur wachsen und uns weiter entwickeln, wenn wir auch etwas wagen und ausprobieren. Und was kann schlimmstenfalls passieren? Du kannst immer wieder zurück. Da bin ich ganz sicher. Setz dich nicht unter Druck. Tu so, als sei es nur ein Experiment, auf dessen Ergebnis du gespannt bist. Und egal, wie es ausgeht: Dass du es überhaupt probiert hast, ist Erfolg genug. Ich glaub' an dich. Tu du es auch, ja? Deine Tanja.«

Ich druckte mir die E-Mail aus und hängte sie über mein Bett. Dabei nickte ich unaufhörlich. Tanja hatte Recht. Das Experiment »Coline zieht aus!« hatte ein Recht, durchgeführt zu werden. Das war ich meinem Lebensplan schuldig.

Ich hatte die »Versuchsvorbereitungen« detailliert geplant. Am Tag der Einschreibung fuhr ich mit Mama in die Universitätsstadt. Nachdem wir an der Universität alles erledigt hatten und ich jetzt »ordentliche Studentin« war, wie Mama noch mal betonte (ich selbst wollte davon gar nichts hören und verdrängte, dass ich seit eben gerade einen Studentenausweis im Portmonee hatte), besichtigten wir eine Wohnung. Die Hauswirtin, Frau Renate Stolze-Schubert, öffnete die Tür.

»Guten Tag. Sie müssen die Meiers sein«, sagte sie. Mama bejahte, schüttelte die Hand der Frau und sah dann mich an. Ich schloss kurz die Augen, dachte nach, wie man sich wohl in dieser sozialen Situation zu verhalten habe, und tat es dann Mama gleich: Ich streckte ihr die Hand entgegen, sagte »Guten Tag, ich bin Coline Meier«, und die Frau schüttelte meine Hand. Sie lächelte. Das war ein gutes Zeichen. Lächeln bei fremden Menschen ist immer ein gutes Zeichen.

»Sie interessieren sich also für das Zimmer, das wir vermieten?«

»So ist es«, sagte Mama. Und dann – mir völlig unbegreiflich – fing sie mit total unwichtigem Zeug an: »Sie wohnen hier ja so was von schön! Gerade noch waren wir in Mitten der Großstadt und eine viertel Stunde Busfahrt später schon auf dem idyllischen Land.«

»Ja, wir haben es hier schön angetroffen«, quakte die Frau und erzählte ewig lange, dass sie das Haus von ihrem Schwiegervater geerbt, mit ihren drei Kindern hier gewohnt hätten und jetzt alle Kinder »ausgeflogen« seien und sie daher zwei leere Zimmer hätten, die sie an Studenten vermieten würden. Endlich ging es damit zum eigentlichen Thema zurück.

»Und Sie wollen eines der Zimmer mieten?« fragte mich jetzt diese redselige Frau Stolze-Schubert.

3 Das Experiment: Coline zieht aus

»Deshalb bin ich hier«, sagte ich. »Darf ich das Zimmer ansehen?« Die Frau nickte und ging über den Hof zu einem Nebeneingang des Hauses. Wir stiegen eine Treppe hinauf und standen dann vor vier Zimmertüren. Das Zimmer ganz rechts, das war es. Ich war furchtbar aufgeregt, als sie die Tür aufschoss und ich den ersten Blick in mein neues Zuhause werfen konnte. Es war ein kleiner, einfach möblierter Raum.

»Klein, aber mein«, sagte Mama und grinste dabei auf ganz dämliche Weise.
»So ist es«, sagte Frau Stolze-Schubert.

Das Badezimmer war nur über den Flur zugänglich. Es versteckte sich hinter eine der mittleren Türen. Die dritte Tür vom Flur führte in das Nähzimmer der Vermieterin und die vierte in ein Zimmer mit einer Waschmaschine, die ich mitbenutzen durfte. Ich brauchte also nicht, wie bei den Wohnungen im Studentenwohnheim, zum Waschsalon zu fahren. Das war praktisch. Und gut. Denn öffentliche Einrichtungen – egal ob Toiletten, Gemeinschaftsküchen oder eben Waschsalons – ekeln mich an.

Mein Zimmer war bereits komplett eingerichtet. Sogar Geschirr stand im Schrank. Mama fand das großartig. Ich beschloss sofort, dass ich eigenes Geschirr mitbringen musste. Aus so einer fremden Tasse könnte ich nie trinken.

»Ich esse nur von meinen eigenen Tellern«, verkündete ich, bevor es später Missverständnisse geben würde.

Mama warf mir einen Blick zu.

»Bitte, bitte, das Geschirr ist ja nur ein Angebot«, sagte Frau Stolze-Schubert.
»Dann tun sie es wieder weg. Ich bringe mir mein moosgrünes Coline-Geschirr mit und meine Gläser aus grünem Glas«, erklärte ich.

»Von ihrem Geschirr schmeckt das Essen bestimmt gar nicht. Deshalb haben sie es ja auch in diesen Schrank gestellt und benutzen es nicht selbst.«

»Coline, es reicht«, sagte Mama.

Dann flüsterte sie Frau Stolze-Schubert etwas ins Ohr.

Frau Stolze-Schuberts Augenbrauen wanderten hoch, dann nickte sie.

»Sie können den Vertrag unterschreiben«, erklärte sie.

»Ich weiß aber nicht, ob ich das will«, sagte ich und verschränkte die Arme vor der Brust. Was hatte Mama auch mit der doofen Frau zu flüstern?

Mama holte tief Luft.

»Coline, was willst du denn mehr? Meinst du, du findest was Besseres? In zwei Wochen beginnt dein Studium.«

Mama hatte Recht. Leider.

Frau Stolze-Schubert ging die Treppe runter und stand wenig später mit dem Vertrag in der Hand wieder vor uns. Ich dachte an den Plan, an den Weg und an das Experiment. Mama war zwar immer noch doof, aber den Plan durfte sie nicht gefährden. Ich unterschrieb also den Vertrag. Ich tat es, ohne lange darüber nachzudenken. Auch nicht über die Konsequenzen. Dass es mit meiner Unterschrift endgültig beschlossen war, dass ich ausziehen würde. Dass das Experiment jetzt begonnen hatte und ich es nicht mehr stoppen konnte. So, wie wenn man im Reaktionsgefäß die letzte Zutat dazu gibt und das Gemisch anfängt zu reagieren. Man weiß nicht, was passieren wird. Man weiß nur, dass etwas passieren wird.

Ich riss mich aus meinen Gedanken. Mama musste ebenfalls noch den Vertrag unterschreiben, dann unterschrieb noch Frau Stolze-Schubert. Jeder zwei Mal, da es zwei Ausfertigungen des Vertrags gab. Ich verstand erst nicht, warum. Doch dann war es klar: Einen Vertrag nahmen wir mit und den anderen heftete Frau Stolze-Schubert in einen dicken roten Ordner, auf dem vorne ein Bild von einem kleinen nackten Baby klebte.

»Wer ist denn das?« fragte ich.

»Coline, das geht dich nichts an«, sagte Mama.

»Aber sie kann doch fragen!«, sagte Frau Stolze-Schubert. »Das ist mein Enkel Benjamin. Er ist jetzt neun Monate alt. Auf dem Bild ist er aber erst drei Wochen alt. Mittlerweile ist er schon richtig groß geworden. Und er kann sogar schon die ersten Worte sprechen.«

»Ich habe erst mit zweieinhalb Jahren sprechen gelernt«, sagte ich.

»Ist das wahr?«, fragte die Frau. Ich nickte.

»Ja, ja«, sagte Mama schnell und hatte es plötzlich sehr eilig. »Coline, unser Zug kommt gleich. Wir müssen gehen.«

Schade. Ich hätte gerne noch länger mit der Frau Stolze-Schubert geplaudert und ihr erzählt, dass ich mit neun Monaten längst wusste, dass ich Moos-Forscherin werden würde. Opa wusste noch ganz genau, dass ich damals im Garten immer auf dem weichen Moosteppich unter dem Apfelbaum liegen wollte. Aber das würde ich Frau Stolze-Schubert ein anderes Mal erzählen. Ganz bestimmt. Gelegenheiten dazu würde es genug geben. Schließlich wohnten wir ja jetzt zusammen.

In der ganzen nächsten Woche verdrängte ich das Experiment. Das bedeutete, dass ich nicht darüber nachdachte und mich auch niemand darauf ansprechen durfte. Dann, ab dem Wochenende, begann ich mit den weiteren Planungen. Ich räumte alles ins Wohnzimmer, was ich mitnehmen wollte: Meine Moossammlung, mein Mikroskop, meinen Experimentierkoffer, meinen Kuschelstuhl, meine wichtigsten Bücher (ich beschränkte mich auf 167), mein grünes Bettzeug, mein grünes Geschirr, meine wolligen Lieblingskissen und meine Geige. Die Geige war fast so wichtig, wie meine Moossammlung. Denn seit ich vor einem Jahr angefangen hatte, Geige zu spielen, musste ich jeden Tag eine Stunde üben. Das war eine Regel. Und die Regel konnte ich nur einhalten, wenn ich die Geige mitnehmen würde. Das war logisch.

Mama erinnerte mich daran, dass ich auch noch Kleidung einpacken musste. Ich warf also ein paar Kuschelpullover, eine Handvoll Unterhosen und einen Schlafanzug in eine Kiste. Opa schaute dabei zu. Er saß auf meinem Bett, da er nicht mehr gut lange stehen konnte.

»Coline, hast du nicht etwas vergessen?«, fragte er. Ich sah ihn an. Dann warf ich noch ein paar mehr Unterhosen in die Kiste und ein paar Socken hinterher.

»Coline, wie wäre es noch mit einigen Jeans, Blusen, Unterhemden, so Frauenzeugs, also BHs und so …, dann Handtücher, Waschlappen …«

Ich rümpfte die Nase.
»Brauch ich nicht.«
»Ich glaub aber doch. Womit willst du dich denn waschen und abtrocknen, wenn du mal duschst?«
»Dann dusch ich eben nicht.«
»Sechs Monate lang nicht? So lange dauert das erste Semester.«
»Also gut. Ich nehme ein Handtuch mit.«
Opa ließ nicht locker. Auf dem Bett sitzend befahl er, was ich alles zusammenpacken musste. Am Ende stapelten sich in meinem Zimmer:

- 12 Pullover
- 4 Jeans
- 3 Blusen
- 5 T-Shirts
- 2 Jogging-Anzüge
- 15 Unterhosen
- 3 Unterhemden
- 3 BHs
- 2 Jacken
- 2 große Badehandtücher
- 6 mittlere Handtücher
- 5 Geschirrhandtücher
- 5 Küchenhandtücher
- 7 Waschlappen
- 2 Mal Bettwäsche

Es war sehr viel. Opa sagte, man brauche so viel. Danach kamen wieder die wirklich wichtigen Dinge dran. Ich führte mir meinen Tagesplan vor Augen und wusste sofort, was ich für die einzelnen Tätigkeiten brauchen würde. Als erstes musste ich meinen Schreibtischstuhl mitnehmen, den grünen mit dem Bären Immertreu, den ich zur Kommunion geschenkt bekommen hatte. Auf dem sitze ich immer, wenn ich morgens aufgestanden bin und meine Moose tabelliere. Dann noch meinen kleinen Backofen, den ich brauche, um mir mein Frühstücksbrötchen aufzubacken. Ohne Frühstücksbrötchen kann man keinen guten Tag beginnen. Weiter mein moosiges Geschirr, das stand ja schon da. Nach dem Frühstück würde ich zur Universität gehen.
»Wo tust du denn deine Bücher und Stifte rein?«, fragte Opa und es war klar, dass der alte Schulrucksack auch mit musste.
Mittagessen.
»In der Mensa?«, fragte Opa. Ich überlegte.
»Sind da auch noch andere?« Opa nickte.
»Ziemlich viele wahrscheinlich.«
»Dann eher nicht. Ich esse zu Hause und koche mir Nudeln mit Ketchy's Ketchup.«
»Dazu wirst du keine Zeit haben.«

Opa hatte eine andere Idee. Er humpelte in die Küche und holt einige der Kunststoffschalen, die Mama zum Einfrieren benutzt.

»Hier rein kannst du dir etwas zum Essen einpacken für die Mittagspause.«

Das war eine gute Idee.

»Da kommen dann Nudeln mit Ketchy's Ketchup rein. Die schmecken auch kalt«, sagte ich.

Weiter im Plan. Nach der Universität würde es Nachmittag sein, Zeit für Tee.

»Meine dickbauchige, grüngesprenkelte Teekanne! Die hätte ich ja fast vergessen«, rief ich. Wie gut, dass ich den Plan durchging.

Nach der Teepause würde ich Pilates machen. Auf den Berg im Wohnzimmer wanderten also noch meine Pilates-Decke, ein Seil, Hanteln und Gummibänder. Abends guckte ich Fernsehen. Ein Fernseher war nicht im Zimmer. Das war ein Problem.

»Opa, ich muss den Fernseher mitnehmen«, sagte ich. Leider war der Wohnzimmer-Fernseher sehr schwer und groß. Ich konnte ihn nicht mal anheben.

»Der bleibt hier«, rief Mama. »Den kannst du nicht mitnehmen.

Sonst haben wir ja keinen mehr.« Ich war verzweifelt.

»Ich brauche aber doch einen!«

Mama blieb bei ihrem »Nein« und bekam auch noch Unterstützung von Opa. So gemein. Wie sollte ich denn ohne Fernseher zurecht kommen? Ich musste doch Nachrichten um 20 Uhr gucken. Das war eine Regel!

Ohne Fernseher konnte ich nicht ausziehen. Opa und Mama machten alles kaputt. Wütend stampfte ich mit dem Fuß auf.

Liebes Tagebuch, heute sitze ich den ersten Abend in meinem neuen Zimmer. Und du glaubst, dass ich jetzt ohne Fernseher auskommen muss? Nein! Opa und Mama hatten eine Überraschung für mich. Eigentlich mag ich ja keine Überraschungen. Diese aber war in Ordnung: Sie haben mir einen Fernseher geschenkt! Einen kleinen mit Flachbildschirm ganz für mich alleine. Nicht so einen fetten Kasten, wie der, der bei uns im Wohnzimmer steht. Den können sie jetzt ruhig behalten.

So, liebes Tagebuch, ich bin gespannt, wie es sich in dem Bett, dass die Frau Stolze-Schubert in mein Zimmer gestellt hat, schlafen lässt. Zumindest habe ich meine Moos-Bettwäsche dabei. Darin habe ich noch immer gut geschlafen.

Soll ich mich auf morgen freuen? Das erste Mal in der fremden Wohnung aufwachen, das erste Mal in einem fremden Haus Frühstück vorbereiten? Es macht immer noch Angst.

Ach, liebes Tagebuch, das Leben ist so kompliziert. Ich bin jetzt erwachsen, äußerlich, vom Alter her – aber innerlich bin ich immer noch die kleine Coline. Es ist schlimm, wenn das innere Kind bleibt und die äußere Hülle alt wird. Oder brauche ich einfach mehr Zeit, bis die kleine, innere Coline verschwindet und einer nur noch erwachsenen Coline Platz macht?

Auf in ein eigenes Leben: Asperger-autistische Menschen ziehen aus

Ein Leben in den eigenen vier Wänden: Manch einer zieht schon mit 16 Jahren von zu Hause aus, während »Nesthocker« auch noch gerne bis ins Erwachsenenalter das »Hotel Mama« auskosten. Früher oder später kommt auch bei Menschen mit Asperger-Autismus der Wunsch auf, ihr Elternhaus zu verlassen. Gründe dafür können, wie bei Coline, eigene Pläne für ein Studium sein, oder weil es zu Hause immer mehr Konflikte gibt oder schlicht, weil die Eltern den Versuch verlangen, um endlich mehr Zeit für sich und ein eigenes Leben zu haben.

Die Anforderungen, die ein Alleine-Leben mit sich bringen, können immens sein. Nicht jeder autistische Mensch ist ihnen gewachsen. Oft ist daher ein betreutes Wohnen oder ein Leben in bestimmten durchorganisierten WG-Formen die beste und/oder einzige Möglichkeit. Manche Autisten profitieren zum Beispiel sehr davon, wenn sie mit anderen Autisten zusammen in einer Wohngemeinschaft leben und ein oder mehrere Betreuungspersonen regelmäßig unterstützend eingreifen.

Was aber ist so schwer daran, alleine zu wohnen? Warum sollen Menschen mit Autismus noch als 30- oder 40-Jährige an etwas scheitern, was selbst so manche 16-Jährige mehr oder weniger spielend bewältigen?

Von zu Hause auszuziehen und sich ein eigenes Leben in einer fremden Umgebung aufzubauen, erfordern Veränderungen, den Mut, Neuland zu erkunden, und eine ausreichende Selbstständigkeit. Schon das können für Autisten unüberwindbare Hemmnisse sein. Weiterhin muss das eigene Leben organisiert werden. Dazu gehört regelmäßiges Putzen ebenso wie Einkaufen gehen oder diverse Amtsgänge. Zumindest in der Anfangsphase ist das für einen Menschen mit Autismus ohne fremde Begleitung und Hilfe kaum zu schaffen.

Damit also ein Auszug von daheim und der Start in ein eigenes Leben gelingen können, darf man Autisten nicht alleine lassen. Es gilt, sensibel dort zu unterstützen, wo es nötig ist, ihnen aber auch Dinge, die sie (vielleicht wider Erwarten) alleine managen können, vertrauensvoll zu überlassen. Erstaunlich ist dabei, dass manchmal die mitunter besonders schwer erscheinenden Hürden vermeintlich leicht genommen werden, während andere, leichtere Aufgaben, wie den Besitz in Umzugskartons packen, eine Überforderung sein können. Nur wer »seinen« Autisten gut kennt, kann auch an den richtigen Stellen helfen bzw. sich zurücknehmen.

Alleine-Wohnen

Je nach Fähigkeiten und Bedürfnissen des Autisten sind unterschiedliche Wohnformen geeignet. Auch wenn ein völlig selbstständiges Leben als möglich erscheint, sollte man es langsam angehen lassen und sich erst einmal für Übergangsformen mit mehr Betreuung entscheiden. Wichtig ist auch, dass Autisten nicht mehr Hilfe und Betreuung bekommen, als sie wollen und brauchen. Oft sind sie zu mehr in der Lage, als man ihnen zutrauen würde. Sie nur in Watte zu packen, ist weder für die Betroffenen gut, noch für Eltern oder andere Betreuer, die oft eigene Interessen und Bedürfnisse vernachlässigen, um dem Betroffenen (zu viel) zu helfen.

Betreutes Wohnen

Betreutes Wohnen kann für all jene autistischen Menschen eine Lösung sein, die im Elternhaus nicht mehr leben wollen oder können, für ein eigenes Leben aber (noch) nicht selbstständig genug sind.

Es gibt verschiedene Arten des betreuten Wohnens. Meistens ist das Grundraster so, dass eine Gruppe von Autisten zusammenlebt und dabei von einem oder mehreren Betreuern begleitet wird. Diese Betreuer kümmern sich um bürokratische Angelegenheiten, helfen bei Behördengängen, gucken aber auch danach, ob der Kühlschrank gefüllt ist und schlichten bei Konflikten. In anderen Wohnformen leben meistens jüngere Autisten in einer Art Internat zusammen. Hier ist die Betreuung noch intensiver und feste, gemeinsame Tagesstrukturen wie Schulunterricht, Berufsausbildung oder Werkstättenarbeit sind vorgegeben.

Daneben gibt es auch noch andere Formen des Zusammenwohnens von Autisten. Mancherorts tun sich Menschen mit Autismus zusammen und gründen privat eine kleine Wohngemeinschaft. Dies kann den Vorteil haben, dass man relativ günstig eigene vier Wände hat, bringt aber die Herausforderung für alle Beteiligten mit sich, sich mit den anderen zu arrangieren. Für Autisten, die gewöhnlich wenig kompromissfähig sind und alles auf ihre Art machen wollen, kann das eine große Hürde sein.

Hilfreiche Links im Internet: Wohnprojekte für und von autistischen Menschen

autkom: Ambulant betreutes Wohnen für erwachsenen Menschen mit Autismus-Spektrum-Störung:
https://www.autkom-obb.de/ambulant-betreutes-wohnen.html

Hilfreiche Listen, zum Beispiel zu Wohnen – Angebote und Gesuche vom Bundesverband Autismus Deutschland e. V.:
https://www.autismus.de/service-und-materialien/wohnen-angebote-und-gesuche.html

4 Der erste Tag an der Uni

Liebes Tagebuch,

heute musste ich den ersten Tag zur Universität gehen. Alles war neu, die Räume, die Leute, die Professoren (so heißen hier die Lehrer) und natürlich auch die Gerüche, die Beschaffenheit der Möbel und die Farben der Gänge.

Zur Vorbereitung war ich die letzten beiden Tage täglich zu meinen Instituten gefahren und hatte mir alles genau angeguckt. Ich wusste also exakt, wo ich hingehen musste und hatte bereits den Hörsaal ausgekundschaftet, in dem heute meine Einführungsveranstaltungen stattfanden.

Das alles gab mir aber nur ein schwaches Gefühl der Sicherheit. Ich konnte die Nacht zuvor fast gar nicht schlafen und musste manchmal sogar weinen, wenn ich an den nächsten Tag dachte. Wollte ich das wirklich? Konnte ich das wirklich? Richtig studieren? Mich mit anderen Leuten – teilweise genauso alt wie ich, teilweise aber auch viel älter – zusammen in einen großen Raum setzen und arbeiten? Könnte ich es ertragen, so viele mir unbekannte Menschen zum ersten Mal zu sehen, mit denen ich von nun an fünf Tage die Woche immer zu tun haben würde?

Gedanken rasten durch meinen Kopf. In der Dunkelheit wurden sie immer größer und monströser. Ich schlug die Bettdecke mal nach links, mal nach rechts, drehte mich hierhin und dorthin.

Schließlich, um vier Uhr in der Frühe, tat ich etwas, was ich noch nie getan hatte: Ich stand auf, obwohl mein Plan vorgesehen hätte, dass ich noch tiefschlafend im Bett liege.

Hunger hatte ich so früh noch keinen. Daher setzte ich mich an meinen Schreibtisch und schrieb seitenweise aus dem neuen Biologiebuch ab, das ich für die neuen Kurse an der Universität gekauft hatte. Dann spielte ich noch eine halbe Stunde Geige. Danach war ich ruhiger. Ich konnte sogar eine Tasse Tee trinken und einen Joghurt löffeln und dann war es auch schon Zeit, zum Biologischen Institut zu gehen.

Als ich zur Bushaltestelle lief, fühlten sich meine Beine an, als seien sie nur aus Muskeln und Haut beschaffen und hätten jeden stützenden Knochen verloren. Im Bus kullerten mir einige Tränen die Wangen hinunter. Könnten wir doch nur für immer durch die Stadt fahren und niemals ankommen! Doch leider hielt der Bus viel zu schnell an der Haltestelle »Uni Süd«, wo ich aussteigen musste.

Ich steuerte meine Beine zum Hörsaal. Darin war schon einiges los. Ich begutachtete die Menschen, die dort saßen. Es waren 22, mit mir nun 23. Ein

Mädchen hatte pinkfarbene Haare, igitt. Ich setzte mich fernab von allen anderen auf einen Platz am Gang und stellte die Tasche auf den freien Platz neben mich. So konnte ich sicher sein, dass sich zumindest dorthin niemand setzen würde.

In der Reihe vor mir unterhielten sich die Leute über irgendwas, das morgen Abend stattfinden würde. Ich schaute auf meinen Plan. Dort stand nichts für den morgigen Abend. Hatte ich etwas verpasst?

»Was gibt es denn morgen Abend?«, fragte ich das Mädchen, das sich einige Plätze von mir entfernt in meine Reihe gesetzt hatte. Sie trug eine große Brille und sah ganz vernünftig aus.

»Morgen ist unsere Ersti-Party«, sagte sie und grinste dabei übertrieben breit. »Das wird bestimmt total cool! Gleich am zweiten Tag 'ne Party.«

»Ersti-Party?«

»Ja, nur fürs erste Semester. Also extra für uns. Ich bin übrigens Bettina. Und du?«

»Coline.«

Ich setzte mich zurück auf meinen Platz. Diese Bettina war mir unsympathisch. Wie kann man sich nur auf eine Party freuen?

Ich schaute auf die Uhr. Jetzt war es schon fünf nach acht. Immer noch kamen Studenten rein, immer noch fehlte der Professor. Um zehn nach acht hielt ich es nicht mehr aus.

Ich fragte den Typen vor mir, ob die Veranstaltung ausfallen würde.

»Warum denn das?«

»Na, weil noch nicht mal der Professor da ist. Wir haben schon elf Minuten nach acht.«

»Na und? Vor Viertel nach kommt der eh nicht.«

»Viertel nach?«

Ich holte meinen Plan raus.

»Hier steht: 8:00 Uhr. Eindeutig.«

»Ja«, sagte der Typ. »Aber dahinter steht c.t. Das heißt cum tempore, mit Zeit. Wenn das da steht, fängt es immer erst eine viertel Stunde später an.«

»Wirklich? Das ist ja sehr nachlässig.« Der Typ zuckte mit den Schultern.

Endlich, endlich kam der Professor. Es war ein kleiner, dürrer Mann in einem weißen Kittel mit grau gelockten Haaren.

Er war ganz nett und erklärte genau, was wir in den nächsten Tagen machen würden. Danach verteilte er einige Zettel und dann sollten wir einen Semestersprecher wählen. Ich lehnte mich zurück. Jetzt fing also der langweilige Teil an.

Ein Mädchen namens Simone wurde schließlich gewählt. Sie hatte lange blonde Haare und hatte eine angenehme Rednerstimme. Es war okay.

Nach der Stunde mussten wir uns im Sekretariat der biologischen Fakultät für die praktischen Unterrichtskurse anmelden. Danach war auch schon Schluss. Laut Plan hätte es bis elf Uhr gehen müssen, jetzt war es aber erst halb elf. Diese Zeitdifferenz irritierte mich. Was sollte ich mit der freien Zeit machen?

»Na du, Coline, hast du Lust mit in die Mensa zu kommen und auf unseren ersten Tag anzustoßen?«, fragte Simone.

Ich starrte sie an und schüttelte heftig den Kopf.

»Nein, nein! Ich habe keine Zeit. Ich muss weg.«

Und bevor Simone noch etwas sagen konnte, rannte ich aus dem Institut. Danach irrte ich ein bisschen durch die angrenzende Innenstadt, bis es endlich elf Uhr war und ich nach Hause gehen durfte. Jetzt war ich wieder im Plan.

Liebes Tagebuch, der erste Tag war eigentlich okay. Was aber gar nicht geht, sind diese unzuverlässigen Anfang- und Schlusszeiten. Ich hoffe, dass das ab morgen anders wird. So ist das ja kaum zu ertragen.

Irgendwie hatte ich mir die Uni strenger und disziplinierter vorgestellt. Ja, liebes Tagebuch, ich bin ein wenig enttäuscht. Dass Professoren einfach zu spät kommen dürfen und auch noch eine ganze Viertelstunde, finde ich nicht gut. Und die anderen Studenten? Mmh, ich weiß nicht, was ich von denen halten soll. Ich hatte sie mir auch anders vorgestellt, irgendwie erwachsener und wissenschaftlicher. Diese Leute, die da mit mir im Hörsaal gesessen haben, haben sich doch für nichts anderes interessiert als für die blöde Party morgen. Als ob eine Party wichtig wäre! Wir sind schließlich zum Studieren hier, oder etwa nicht, liebes Tagebuch? Warum muss es dann überhaupt so etwas wie gemeinsam einen Trinken gehen, Party feiern etc. geben? Kann nicht einfach jeder für sich lernen und arbeiten? Das fände ich viel angenehmer.

Noch wichtiger als Lernen? Der soziale Aspekt beim Studium

Zum Studentenleben gehören neben Vorlesungen, für Klausuren lernen, Scheine machen und gegebenenfalls nebenher jobben oder Praktika absolvieren auch die Teilnahme am sozialen Leben auf dem Campus. Für viele Studenten ist diese gesellige Seite des Studierens das beste und erstrebenswerteste am ganzen Studium.

Gemeinsam Partys feiern, das Nachtleben der Stadt austesten, sich bei Tanz, Alkohol und Kneipentouren vergnügen und am nächsten Morgen bis in die Puppen schlafen, das macht für viele junge Menschen die Studentenzeit zu einer der schönsten Zeiten des Lebens. Hinzu kommt die Freiheit, nach Belieben Vorlesungen wahrnehmen oder ausfallen zu lassen, sich den Stundenplan mehr oder weniger selbst zusammenzustellen und selbst zwischen Lernen und unbeschwertem Leben zu wählen. Die Studentenzeit ist eine Art Zwischenzustand zwischen Jugend und Erwachsenenleben, ein Dasein mit Eigenverantwortung, aber auch etlichen Freiheiten, die man so in dieser Form später im Leben vielleicht nie mehr haben wird. Sonderangebote für Studenten, Rabatte und Verbilligungen versüßen dem Studenten weiterhin sein Dasein. Angefangen vom Semesterticket für den örtlichen Nahverkehr bis hin zu besonders günstigen Tarifen bei Versicherungen und kostenlosen Girokonten gibt es zahlreiche Aktionen, die das Studentenleben zu einer Zeit mit besonderen Konditionen machen.

Manche Studenten kosten auch die kulturellen Angebote ihrer Stadt aus oder nehmen an hochschulinternen Theater-, Sport- oder Musikgruppen teil oder bilden sich in extra Kursen wie Fremdsprachenschulungen fort.

Studienzeit, das ist für die meisten ein steter Wechsel aus Lernen, Studieren und zuweilen intensivem über die Stränge schlagen und Grenzen auskosten. Hier sammeln junge Menschen Erfahrungen, knüpfen Kontakte und schließen Freundschaften, die manchmal ein Leben lang halten.

Hilfreiche Links im Internet: Was das Leben einem Studenten zu bieten hat

Informationen rund ums Studium:
https://www.studis-online.de/

Informationen rund um das Studentenleben:
https://www.unicum.de/de/studentenleben

Tipps für das Studentenleben:
https://studybees.de/magazin/studentenleben-kategorie/

30 Tipps für Erstsemester – so gelingt der Unistart!:
https://thesius.de/blog/articles/30-tipps-fuer-erstsemester/

5 Coline beim Einwohnermeldeamt

Liebes Tagebuch,

ich wohne jetzt seit einer Woche in meiner Universitätsstadt und schon gibt es Stress. Heute hat Opa angerufen und gesagt, dass er etwas ganz wichtiges vergessen habe, mir zu sagen.

»Coline, du musst dich noch unbedingt melden!«

»Wo denn melden?«, fragte ich. »An der Uni bin ich doch längst gemeldet. Oder habe ich was verpasst?«

»Du musst dich bei der Stadtverwaltung anmelden. Beim Einwohnermeldeamt.«

»Warum?«

»Na, wegen der Meldepflicht. Jeder Mensch muss melden, wo er wohnt. Das ist ein Gesetz.«

»Warum denn das?«

»Das ist eben so. Man muss wissen, wie viele Leute in einer Stadt wohnen. Eine Stadt will außerdem auch Steuern und andere Abgaben von ihren Bürgerinnen und Bürgern haben. Verstehst du?«

»Steuern? Von mir? Ich verdien doch gar kein Geld! Und müssen die wirklich wissen, dass ich hier wohne? Mir ist das zu persönlich.«

»Das ist ein ganz normaler Vorgang, Coline. Du gehst einfach dorthin und sagst, dass du einen Zweitwohnsitz anmelden möchtest. Dein Erstwohnsitz bleibt weiterhin hier bei Mama und mir. Und dann wird man dich Dinge fragen, etwa wie du heißt, wann du geboren bist und so. Und nimm deinen Personalausweis mit. Den werden sie auch sehen wollen.«

Opa sagte noch, dass ich das möglichst bald machen müsse. Am besten noch morgen zum Einwohnermeldeamt gehen, das gehört zur Stadtverwaltung und dem Rathaus.

Uff, das klingt alles so furchtbar wichtig und offiziell. Hoffentlich mache ich nichts falsch.

Ich habe mir im Internet die Adresse vom Rathaus rausgesucht. Es liegt genau am anderen Ende der Stadt. Herrje, liebes Tagebuch, warum kann nicht mal etwas einfach sein? Der Weg dorthin wird eine Ewigkeit dauern, drei Mal muss man umsteigen mit dem Bus. Da die Öffnungszeiten vom Einwohnermeldeamt auch noch immer parallel zu meinen Vorlesungen liegen, werde ich durch die ganze Meldeprozedur auch noch einen Vormittag Vorlesungen verpassen. Vorlesungen sind aber doch viel wichtiger als dieser Melde-Quatsch! Das muss doch jeder so sehen. Aber anscheinend nicht. Opa hatte gesagt, dass man bestraft werden kann, wenn man sich nicht meldet. Ins Gefängnis kommt man aber wahrscheinlich nicht. Meinte Opa. Aber woher soll er das so genau wissen? Opa ist schon alt und verwechselt so manches.

Also opferte ich schweren Herzens die Vorlesungsstunden. Alles besser, als vielleicht ins Gefängnis zu müssen. Außerdem, wenn ich wirklich ins Gefängnis kommen würde, könnte ich ganz lange nicht mehr in die Vorlesungen gehen. Ich würde ganz viel verpassen und könnte den Plan nicht schaffen. Der Plan sieht es nämlich vor, dass ich in acht Semestern, also in vier Jahren, mit dem Studium fertig bin und dann in drei weiteren Jahren promoviere. So hatte ich das beschlossen. Wenn ich dann 26 Jahre alt bin, werde ich alles geschafft haben und Frau Dr. Coline Meier heißen. Das muss genauso klappen. Sonst habe ich mein Leben verwirkt und kann nie mehr glücklich sein.

Beim Einwohnermeldeamt gab es schier unendlich viele, gleich aussehende Flure, Gänge und Türen. Zum Glück war das meiste ausgeschildert. Ich musste in den dritten Stock. Dort angekommen, verließen mich die Schilder. Wohin nun? Einfach in eines der Büros gehen? Ich drückte eine Klinke. Die Tür war verschlossen.

»Kann ich helfen?«, fragte eine Frau, die mit Ordnern bepackt plötzlich hinter mir stand.

»Ich muss mich hier melden. Wo muss ich hin?«

»Melden?«

»Ja, dass ich jetzt hier wohne. Aber nur als Zweitwohnsitz. Mein Erstwohnsitz ist immer noch bei Opa und Mama. Dort ist schließlich auch mein Zimmer mit meiner Moostapete. Die konnte ich ja leider nicht mit nach hier nehmen, da sie an der Wand festklebt und daher…«

»Immer geradeaus, dann dritte Tür links.«

Ich folgte der Anweisung. Hinter der dritten Tür links verbarg sich ein Raum voller Menschen. Sie saßen auf Sofas und Stühlen oder standen in der Ecke herum. Genau neben der Eingangstür war ein Automat. An dem Automaten bekam man Zettelchen mit einer Nummer. Die meisten der anderen Leute hatten bereits so einen Zettel in der Hand und starrten darauf. Andere guckten auch an die Wand rechts. Dort hing über einer weiteren Tür eine rote Leuchttafel, auf der Zahlen aufleuchteten. Gerade hatte dort noch »93« gestanden und jetzt »94«. Ein Mann schaute auf seinen Zettel, sah auf und sagte zu der Frau neben sich:

»Wir sind dran. Wir haben die 94.«

Jetzt verstand ich, wie das funktionierte. Man zog eine Nummer und wenn die gezogene Nummer aufleuchtete, dann durfte man durch die Tür in ein neues Zimmer gehen.

Ich zog die Nummer 118. 118! Ach je. Wenn das hier wirklich der Reihenfolge nach geht, dann wird es sehr, sehr lange dauern, bis ich endlich drankommen werde.

Was macht man so lange? Ich sah mich um. Ich hätte ein Buch mitbringen sollen. Daran hatte ich nicht gedacht. Wer hätte denn auch schon ahnen können, dass hier mehr los ist als auf der Damentoilette in der Vorlesungspause?

Auf einem Tisch lagen einige Zeitschriften. Ich schaute auf die Titel. Ein Nachrichtenmagazin könnte mich interessieren. Andererseits wollte ich es aber nicht anfassen. Ich mag es nicht, Dinge in der Hand zu haben, die vor mir schon andere Menschen angefasst haben. Das finde ich eklig. Genauso eklig wie die fürchterlichen alten Möbel in den Instituten der Universität. Was da alles für Bakterien auf den Tischen und Bänken sein müssen. Da darf ich gar nicht dran denken. Ich setzte mich ohne Zeitschrift hin. Die Minuten schlichen dahin.

Zum Zeitvertreib sah ich mir die anderen Leute an. Gegenüber von mir saß eine dickliche, blasse Frau mit rundem Gesicht und nichtssagend hellen, kurz geschnittenen Haaren. Sie sah aus wie ein Schaf. Das war eine lustige Vorstellung und ich musste grinsen. In einer anderen Ecke saß ein jüngerer Mann ausländischer Herkunft. Er hatte dunkle Haare, einen Dreitagebart und ein dickes Muttermal auf der rechten Wange. Auf seinem linken Zeigefinger prangte unterhalb des Nagels eine fette Warze. Hoffentlich würde ich diesem Mann nie die Hand geben müssen. Dazu könnte ich mich einfach nicht überwinden. Warzen sind höchst ansteckend.

Irgendwann, genau gesagt nach 47 Minuten, leuchtete endlich die Nummer 118 auf. Das war meine Nummer! Ich sprang auf und spurtete zur Tür, damit mir niemand zuvor kommen würde.

War ich denn hier richtig? Die Tür führte mich wieder in einen Gang mit vielen weiteren Türen, die alle verschlossen waren. Über jeder Tür war ein kleiner Leuchtkasten angebracht und – aha! – in einem strahlte mir die 118 entgegen. Dort musste ich hin.

Ich öffnete die Tür und stand in einem sehr kleinen Zimmer, das in der Mitte durch einen Schreibtisch halbiert war. Hinter dem Schreibtisch saß ein Mann, der etwas schrieb.

Ich ging rein, setzte mich auf den Stuhl ihm gegenüber und wartete.
»Oh, Sie sind schon da«, sagte der Mann. »Was kann ich für Sie tun?«
»Mich anmelden. Ich wohne jetzt hier.«
»Geben Sie mir bitte Ihren Personalausweis.«
»Wofür?«
»Damit ich Ihre Daten aufnehmen kann.«
»Bekomme ich meinen Personalausweis denn wieder?«
»Natürlich.«

Ich überlegte. Ich glaubte, dass es sicher war, ihm meinen Ausweis zu geben. Warum sollte er ihn auch einbehalten? Niemand braucht mehr als einen Personalausweis und er wird ja wohl einen eigenen haben.

Der Mann wendete sich dem Computerbildschirm zu und tippte auf der Tastatur rum. Danach stellte er mir Fragen.
»Wo wohnen Sie?«
Ich nannte ihm die Adresse von Mamas und Opas Haus.
»Nein. Ich meine, wo Sie hier in dieser Stadt wohnen?«

»Ach so. Sagen Sie das doch gleich.«

Ich nannte ihm die Adresse von dem Stolze-Schubert-Haus.

»Sind Sie verheiratet?«

»Verheiratet?«, kreischte ich.

Ich konnte es nicht fassen! Wollte der etwa zudringlich werden? Er kannte mich doch gar nicht!

»Also ledig. Kinder?«

»Kinder?«

Meine Güte, das war entschieden zu intim.

»Warum wollen Sie das wissen?«, fragte ich. »Das geht Sie doch gar nichts an!«

»Das gehört zu Ihren Personendaten, die wir aufnehmen müssen. Aber keine Sorge. Wir schützen Ihre Daten und geben sie nicht weiter.«

Angst, dass er etwas weitersagen würde, hatte ich nicht. Trotzdem gefiel es mir nicht, diesem fremden Mann über alles Mögliche Auskunft geben zu müssen.

Danach sollte ich noch mehr Fragen beantworten, zum Beispiel welcher Religion ich angehöre. Sehr verdächtig. Ich antwortete zwar wahrheitsgemäß, beschloss aber, noch heute Opa anzurufen und zu fragen, ob das wirklich richtig ist, so viel gefragt zu werden. Muss der wissen, ob ich Heidin oder Christin bin, nur weil ich jetzt hier ein Zimmer gemietet habe?

Endlich hörte der Mann auf zu fragen. Er druckte viele Blätter aus und auf einigen musste ich unterschreiben. Dann gab er mir eines der Blätter und sagte:

»Für Ihre Akten.«

»Welche Akten?«

»Sie können das zu Hause abheften. Es ist der Beleg dafür, dass Sie jetzt hier gemeldet sind.«

»Oh. Also ist das wichtig?«

»Ja, das ist es.«

»Und wenn ich es verliere?«

»Sie verlieren es nicht. Heften Sie es gut ab, dann passiert auch nichts.«

»Wohin? Gehört das eher zu den Banksachen, zu den Sachen für die Uni oder in den Ordner mit meinen Zeugnissen? Oder in einen ganz neuen Ordner? Oder...«

»Heften Sie es so ab, dass Sie es wieder finden. Auf Wiedersehen, Frau Meier.«

Wenn jemand »Auf Wiedersehen« sagt, will er, dass man geht. Ich sagte also auch »Auf Wiedersehen« und ging aus dem Zimmer. Draußen verstaute ich das Formular in meinem Rucksack. Dann lief ich die vielen langen Gänge entlang zurück zum Ausgang. Ich hatte Glück. Der Bus Richtung Universität kam in nur wenigen Minuten und ich konnte sogar noch an meiner Lieblingsvorlesung in Botanik teilnehmen.

Am Abend rief ich Opa an.

»Ist es normal, dass die einem dort unverschämte Fragen stellen?«

»Was haben sie dich denn gefragt?«

»Na, der Typ wollte wissen, ob ich verheiratet bin! Und ob ich Kinder habe.«

»Ja, das fragen die oft auf so Ämtern. Die interessiert das, weil du, wenn du zum Beispiel verheiratet bist, mit deinem Mann zusammenwohnen könntest. Und wenn du Kinder hast, dann wohnen noch mehr Menschen in deinem Haushalt. Das müssen die alles wissen.«

»Und warum müssen die wissen, welcher Religion ich angehöre?« Opa schwieg. Er wusste es also auch nicht!

»Na ja, wahrscheinlich, für Statistiken oder so. Damit sie irgendwo schreiben können, in unserer Stadt leben so und so viele Katholiken, so und so viele Protestanten und so weiter.«

Liebes Tagebuch, ich hätte nie gedacht, dass das alles so umständlich ist. Dabei will ich doch nur hier schlafen, essen und studieren. Und dann denken die gleich, ich wollte heiraten und Kinder kriegen und so. Na ja, zumindest habe ich jetzt diesen Ausdruck bekommen, der so wichtig ist. Ich habe ihn abgeheftet. Und zwar in den Ordner mit meinen Zeugnissen. Das sind die wichtigsten Papiere, die ich besitze. Und der Mann vom Amt hat gesagt, dass der neue Zettel ebenfalls sehr wichtig sei. Ohne ihn könnte ja jemand denken, ich sei nicht gemeldet und dann würde ich doch noch bestraft werden und womöglich ins Gefängnis kommen. Dabei bin ich doch jetzt gemeldet und zwar ganz offiziell. So wie man das eben macht als normaler Mensch. Und darauf bin ich stolz.

Umzug & Co.: Die Sache mit den Ämtern

Wer in eine neue Stadt umzieht, hat die Verpflichtung, sich innerhalb einer bestimmten Frist – oft einer Woche – bei der städtischen Meldebehörde zu melden.

Wichtig ist, diesen Termin unbedingt wahrzunehmen, da andernfalls eine Strafe drohen kann.

Vor dem Termin auf dem Amt braucht aber niemand Angst zu haben. Bei autistischen Menschen kann es sinnvoll sein, wenn sie von einer Person ihres Vertrauens begleitet werden.

Um sich anzumelden, muss man seinen Personalausweis mitbringen. Auf dem Amt füllt man dann alleine oder gemeinsam mit dem Beamten einen Meldebogen aus. Darin müssen auch Fragen beantwortet werden, die etwa die Staatsangehörigkeit, den Familienstand oder die Religion betreffen. Diese Fragen dienen aber nicht dazu, jemanden auszuhorchen oder die Informationen gegen ihn zu verwenden! Die Stadt hat außerdem die Verpflichtung, personenbezogene Daten zu schützen und sie nicht an Dritte, also an andere Menschen weiterzugeben. Wenn man also zum Beispiel dem Beamten bei der Meldebehörde sagt, dass man Buddhist ist, dann muss er das für sich behalten und darf es nicht etwa dem neuen Nachbarn weitererzählen.

Die Auskünfte, die man beim Amt gibt, müssen absolut der Wahrheit entsprechen. Wer sich bei der ein oder anderen Frage unsicher ist, fragt lieber noch mal bei einem Menschen seines Vertrauens nach, anstelle eine falsche Information zu geben.

Checkliste: Meldepflicht

Jeder, der in Deutschland wohnt, muss sich bei dem zuständigen Einwohnermeldeamt registrieren lassen. Dafür ist fast im mer ein persönliches Erscheinen beim Amt notwendig. Zum Anmelden in der neuen Stadt werden in der Regel nur zwei Dokumente benötigt:

- Der Personalausweis
- Das Meldeformular des jeweiligen Einwohnermeldeamts

Das Meldeformular gibt es beim Einwohnermeldeamt, kann in manchen Städten aber auch schon vorab online heruntergeladen werden.

Meistens ist das Anmelden kostenlos. Einige Städte erheben jedoch kleine Gebühren für diesen Service.

6 Soll ich einen Schwerbehindertenausweis beantragen?

Liebes Tagebuch,

heute hat mich ein Professor am Institut für Botanik gefragt, ob ich denn einen Schwerbehindertenausweis besäße. Dann sei es leichter, auf mich beim praktischen Arbeiten besondere Rücksicht zu nehmen.

Mit dem praktischen Arbeiten klappt es nämlich bislang gar nicht so gut. Es ist aber auch so anstrengend! Wir stehen mit 42 Studenten in einem engen Raum dicht gedrängt zusammen, haben an unseren Arbeitstischen viel zu wenig Platz und überall herrscht Chaos. Furchtbar. Ich kann mich überhaupt nicht konzentrieren. Dabei sind die Aufgaben wirklich spannend. Wir müssen Pflanzenteile, also zum Beispiel Blätter oder Blütenteile, präparieren, mikroskopieren und dann bestimmte Fragen dazu beantworten. Das würde viel besser gelingen, wenn es nicht so entsetzlich laut wäre und ich nicht immer durch den ganzen Raum laufen müsste, um nur eine einzige Chemikalie zum Präparieren zu finden. Ich bräuchte auch viel mehr Zeit, um die Präparate sorgfältig genug herstellen zu können, um unter dem Mikroskop auch was erkennen zu können. Chaos, fehlende Arbeitsmittel, der extreme Lärmpegel, Zeitmangel, das alles hat dazu geführt, dass ich bisher noch keine einzige Aufgabe richtig lösen konnte. Und das ist eine Katastrophe! Wenn das so weitergeht, bekomme ich den Schein für die Übungen nicht und muss sie nächstes Semester noch mal machen. Denn ohne Schein, keine Abschlussprüfung und ohne Abschlussprüfung kein Weiterkommen im Studium und ohne Weiterkommen im Studium kann ich den Plan vergessen und …, oh je, ich darf gar nicht daran denken.

Nein, das wird auch nicht passieren. Und um das zu verhindern, bin ich heute ins Büro des zuständigen Professors gegangen. Der hörte sich alles an und sagte dann, dass er ohne Schwerbehindertenausweis nicht viel für mich tun könne.

Als ich sein Büro verließ, fühlte ich mich richtig krank. Schwer – Behinderten – Ausweis. Das Wort klang furchterregend.

Ich will so etwas nicht haben. Das hört sich so an, als wäre ich schwer krank oder so. Und überhaupt: Sollten Schwerbehindertenausweise nicht für Menschen sein, die mehr behindert sind als »nur« vom Asperger-Autismus betroffen? Ich fühle mich gar nicht behindert, sondern einfach nur auf eine besondere Weise anders als alle anderen.

Die Frage nach dem Schwerbehindertenausweis ließ mir keine Ruhe. Irgendwie könnte es sicherlich praktisch sein, einen Schwerbehindertenausweis zu besitzen und damit jedem zeigen und beweisen zu können, dass ich mich nicht anstelle oder einfach nicht will, sondern manches eben tatsächlich nicht kann. Weil ich eben anders bin, anders auf eine Weise, die manche als behindert bezeichnen mögen.

Über das Thema Schwerbehindertenausweis sprach ich auch mit meiner Therapeutin Frau Hilfreich.

»Ein Schwerbehindertenausweis soll dafür sorgen, dass Menschen, die Hilfe brauchen, diese Hilfe auch bekommen«, sagte Frau Hilfreich. »Das Wort hört sich zwar monströs an, ist aber im Prinzip nur eine reine Formalie. Und sieh es mal so, in deinem Personalausweis stehen bereits so Sachen wie deine Augenfarbe oder wie groß du bist. Ein Schwerbehindertenausweis belegt dann nur noch zusätzlich, dass du auch das Asperger-Syndrom hast.«

»Das ist aber doch ein Unterschied! Das Asperger-Syndrom ist eine Krankheit, eine bestimmte Augenfarbe nicht. Und einen Personalausweis hat jeder. Einen Schwerbehindertenausweis aber hat kaum jemand. Ich kenne zumindest niemanden!«

»Vielleicht, weil niemand gerne darüber spricht? Soll ich dir mal was sagen? In Deutschland haben schätzungsweise sechs Millionen Menschen einen Schwerbehindertenausweis.«

»Das ist viel. Und die dürfen alle Behindertenplätze im Bus benutzen? Und beim Supermarkt die Parkplätze ganz vorne? Warum gibt es dann nur so wenige davon? Das reicht doch nie für so viele Schwerbehinderte.«

Frau Hilfreich lachte.

»Nein, diese speziellen Plätze dürfen nur einige wenige behinderte Menschen benutzen. Dafür braucht man ein bestimmtes Merkzeichen im Ausweis. Aber es gibt schon eine ganze Menge anderer Vorteile, die jeder mit einem Schwerbehindertenausweis hat.«

»Ja? Muss man dann nicht am Praktikum in der Uni teilnehmen?«

»Doch, das muss man schon. Aber man hat Anspruch auf mehr Hilfe oder mehr Zeit. Und später auf der Arbeit darf man öfter krankheitsbedingt fehlen und hat mehr Urlaubstage. Je nach dem darf man auch eine Begleitperson kostenlos mit ins Kino oder in ein öffentliches Verkehrsmittel nehmen. In anderen Ländern wie zum Beispiel England ist man da sehr großzügig.«

»Cool! Kommt man dann auch in der Schlange im Supermarkt schneller dran? Und braucht man nicht mehr Small Talk zu führen mit Menschen, die man eh nicht mag? Und kann man …«

»Nun aber mal langsam, Coline. Ein Schwerbehindertenausweis ist keine Rechtfertigung für schlechtes Benehmen.«

Ich schwieg. Dann sagte ich leise:

»Ich mag das Wort nicht.«

»Welches Wort? Benehmen?«

»Nein. Schwerbehindertenausweis. Es hört sich so gewichtig an, so schlimm irgendwie.«

»So heißt das nun mal offiziell. Aber du kannst deinem Schwerbehindertenausweis ja einen netteren Namen geben.«

»Wie meinen Sie das?«
»Gib ihm einfach einen Spitznamen!«
Ich überlegte. Dann fiel mir etwas Gutes ein.
»Hika. Jawohl, ich nenne meinen Schwerbehindertenausweis Hika.«
»Und was soll das heißen?«
»Na, Hilfskarte natürlich!«

Wochen später hatte ich mit Mama zusammen einen Termin bei einer Amtsärztin. Die wollte untersuchen, ob ich wirklich das Recht auf eine Hika habe. Erst mal mussten wir lange in einem gräulichen Wartezimmer warten. Durch ein Fenster zog kalte Luft ein und Mama blätterte in einer Zeitschrift ohne darin zu lesen. Ich lutschte ein Pfefferminzbonbon nach dem anderen, um die Übelkeit zu unterdrücken, die in mir aufstieg. Wenn ich mich unwohl fühle oder Angst habe, wird mir meistens schlecht.

Endlich holte uns eine Frau aus dem Wartezimmer. Ich musste mich in einem anderen Zimmer an einen Tisch setzen und bekam einen Stapel Bögen vorgelegt.

»Füllen Sie die Unterlagen bitte aus, Frau Meier. Ich werde mich derweil mit ihrer Mutter unterhalten.«

Die Bögen enthielten teilweise Fragen mit Antwortmöglichkeiten zum Ankreuzen. An anderen Stellen musst ich kleine Sätze über mich und meine Gefühle schreiben. Ich sollte auch angeben, was ich gerne mache, was mir wichtig ist und wie ich mich selbst einschätze. Ein Test fragte nach meiner Stimmung und ob ich plane, mich demnächst umzubringen. Warum denn das, um Himmels willen? Warum sollte ich mich umbringen wollen, wenn ich doch nur eine Hika beantragen will? Ist eine Hika etwa doch was Schlimmes?

Als ich fertig war, musste ich in dem Räumchen sitzen bleiben und warten, bis man mich abholt. Ich mag dieses Warten nicht. Es kommen so blöde Gedanken hoch. Würde mich die Ärztin gleich richtig untersuchen? Ich meine so mit Anfassen und so? Oder Blutabnehmen? Das wäre der reinste Horror. Außerdem sind meine Adern dafür auch gar nicht geeignet, jawohl. Das letzte Mal musste mir der Arzt aus der Handoberseite Blut abnehmen und ich bin hinterher in Ohnmacht gefallen. Und danach habe ich mich noch übergeben und … weiter kam ich in meinen Gedanken nicht, da sich jetzt die Tür öffnete und die Frau, die mit Mama sprechen wollte, eintrat.

»Und? Sind Sie schon fertig?« Ich nickte.

»Wird mir die Ärztin Blut abnehmen?«, fragte ich, um Gewissheit zu haben. Die Frau rümpfte die Nase.

»Ich bin die Ärztin. Und, nein, eine Blutuntersuchung ist nicht vorgesehen. Und jetzt kommen Sie bitte mit.«

Die Frau führte mich in einen ebenso gräulich wie das Wartezimmer gestrichenen Raum, in dem Mama bereits saß. »Jetzt werden wir uns kurz zu dritt unterhalten«, sagte die Frau ohne weißen Kittel, die trotzdem eine Ärztin sein wollte.

Die Frau fragte nach allerlei Dingen aus meiner Kindheit. Dann musste Mama rausgehen und ich musste alleine mit ihr sprechen. Sehnsüchtig sah ich zu der

Tür, aus der Mama hinausgegangen war. Ich hatte keine Lust mehr auf dieses Gespräch mit der Ärztin ohne Kittel. Endlich war es überstanden. Ich wollte nur noch raus, frische Luft atmen und weg von all dem Gerede, weg aus diesen grauen Räumen. Mama kam kaum hinter mir her, als ich die Straße entlang zum Auto lief. Nur noch nach Hause, nach Hause. Vielleicht schafften wir es noch rechtzeitig zur ersten Zwischenmahlzeit.

»Coline, nun warte doch mal. Ich bin nicht so schnell.«

»Dann beeil dich eben«, rief ich. Ich konnte jetzt nicht stehen bleiben und rannte immer schneller. Es fühlte sich so schön an, die Beine weit von sich zu werfen und den Boden unter sich zu spüren. Nur weg von hier, weg, weg, weg.

Erst nach zwei Laufrunden die Straße auf und ab (ich musste Mama Zeit geben, mich einzuholen) und einer viertel Stunde Autofahrt hatte ich mich wieder einigermaßen beruhigt. Und da fiel mir etwas Furchtbares ein.

»Ich habe meine Hika bei der Ärztin vergessen!«, rief ich.

»Deine was?«, fragte Mama.

»Na, meinen Schwerbehindertenausweis«, sagte ich.

»Den hast du doch noch gar nicht. Sie prüfen doch jetzt erst, ob du überhaupt Anspruch darauf hast.«

»Und wie lange prüfen sie das? Kriege ich die Hika morgen?«

»So schnell geht das nicht. Colinchen, das kann jetzt Tage oder Wochen dauern. Ämter sind gewöhnlich sehr langsam.«

Und Mama hatte tatsächlich Recht. Erst nach siebeneinhalb Wochen kam ein Schreiben vom Versorgungsamt. Mein Antrag war abgelehnt. Wie kam denn das? War jetzt alles umsonst? Die ganze lange Qual in den grauen Räumen?

Frau Hilfreich sagte, dass wir Widerspruch beim Versorgungsamt einlegen sollten. Sie würde ein Schreiben beifügen, in dem sie von meinen Schwierigkeiten im Alltag berichten wollte. Frau Hilfreich war zuversichtlich, dass es dann klappen würde mit der Hika. Immerhin, so sagte Frau Hilfreich, steht mir die Anerkennung von 50 bis 80 Grad Behinderung laut Gesetz einfach zu.

Mit Frau Hilfreichs Unterstützung habe ich meine Hika dann doch noch bekommen. Und was bringt mir die Hika jetzt im Studium? Eine ganze Menge. Ich muss nur noch jedes zweite Semester Studiengebühren bezahlen, darf Bücher aus der Bibliothek länger ausleihen, bekomme mehr Zeit bei Aufgaben und darf schriftliche Prüfungen in einem Extrazimmer am PC machen. Toll, oder, liebes Tagebuch? Die Hika zu beantragen hat sich richtig gelohnt. Auch, wenn ich den Namen »Schwerbehindertenausweis« immer noch nicht mag.

Das bedeutet »behindert«?

Das Gesetz sagt dazu folgendes: Laut § 2 Absatz 1 des Neunten Sozialgesetzbuchs gilt eine Person dann als behindert, wenn ihre körperliche Funktion, geistige Fähigkeit oder seelische Gesundheit mit hoher Wahrscheinlichkeit länger als sechs Monate von dem für das Lebensalter typischen Zustand abweichen und daher ihre Teilhabe am Leben in der Gesellschaft beeinträchtigt ist.

Ob sich eine Person, auf die diese Beschreibung zutrifft, aber auch als *behindert* fühlt, ist eine andere Frage.

Die Schwere einer Behinderung drückt sich im Grad der Behinderung aus. Möglich ist ein Grad der Behinderung zwischen 20 und 100. Ab Grad 50 steht Betroffenen ein Schwerbehindertenausweis zu, ab Grad 30 kann eine Gleichstellung mit Schwerbehinderten beantragt werden. Das zuständige Amt für die Feststellung und Beurteilung einer Behinderung ist fast immer das Versorgungsamt.

Bin ich autistisch und/oder behindert?

Gerade viele Asperger-autistische Menschen lehnen für sich den Begriff »behindert« ab. Sie fühlen sich nicht behindert, sondern anders begabt und betonen diesen Bedeutungsunterschied ausdrücklich. Gleichwohl steht jedem Menschen, dem ein Asperger-Autismus diagnostiziert wurde, ein Schwerbehindertenausweis zu. Dieser Ausweis dient allgemein dazu, sich gegenüber anderen Menschen als schwerbehindert auszuweisen. Eine besondere Rolle spielt er gegenüber Arbeitgebern, Sozialleistungsträgern und Behörden. Mit dem Ausweis können Schwerbehinderte ihren Anspruch auf Erleichterungen wie einen besonderen Kündigungsschutz, zusätzliche Urlaubstage und verschiedene Vergünstigungen durchsetzen.

Ein Schwerbehindertenausweis kann sich mitunter aber auch als Belastung auswirken. Einige Menschen schämen sich, ihn zu besitzen und möchten ihn nicht vorzeigen. Andere machen die Erfahrung, dass Arbeitgeber sie wegen ihrer Behinderung benachteiligen oder gar nicht erst einstellen.

Ob jemand einen Schwerbehindertenausweis beantragt oder nicht, ist letzten Endes eine ganz persönliche Entscheidung, die jeder Autist für sich treffen muss. Es ist gut, sich bei solchen Fragen mit Menschen seines Vertrauens wie der Familie, guten Freunden oder einem Therapeuten/einer Therapeutin zu beraten.

Hilfreiche Links im Internet

Rehabilitation und Teilhabe von Menschen mit Behinderungen im Sozialgesetzbuch Neuntes Buch (SGB IX):
https://www.gesetze-im-internet.de/sgb_9_2018/BJNR323410016.html

Website für Menschen mit Behinderung und ihre Angehörigen vom Bundesministerium für Arbeit und Soziales:
www.einfach-teilhaben.de/cln_104/DE/StdS/Home/stds_node.html

Übersicht über zuständige Versorgungsämter:
https://www.vdk.de/nrw/pages/ratgeber/soziale_leistungen/64304/service_vdk_nrw_versorgungs%C3%A4mter_beratungsstellen?dscc=ok

Fragen und Antworten rund um den Schwerbehindertenausweis vom Sozialverband VdK:

https://www.vdk.de/deutschland/pages/themen/artikel/9196/der_schwerbehindertenausweis

Informationen rund um die Versorgungsmedizinischen Grundsätze, Schwerbehinderung und Schwerbehindertenausweis:

https://versorgungsmedizinische-grundsaetze.de/

7   Coline lernt putzen

Liebes Tagebuch,

heute ist etwas ganz furchtbares passiert. Ich habe heftigen Ärger mit Frau Stolze-Schubert bekommen, meiner Vermieterin. Und das kam so. Ich hatte es heute Morgen eilig, zur Universität zu kommen. Ich war so knapp in der Zeit, dass der Bus, mit dem ich zum Institut fahren muss, schon in fünf Minuten an der Bushaltestelle halten würde. Ganz schnell ging ich noch auf die Toilette, spülte ab und lief los. Als ich abends nach Hause kam, war das Fenster in meinem Badezimmer aufgerissen und der Klodeckel runter geklappt, was ich selbst nie mache. Es war ganz klar: Jemand war in meinem Badezimmer gewesen! Das machte mich wütend. Ich mag es nicht, wenn man in meine Privatsphäre eindringt. Das hier ging eindeutig zu weit.

    Irgendwie war es auch beunruhigend. Denn das jemand mein Badezimmer betritt, ist nicht normal. Etwa ein Einbrecher?

Als ich abends meine Lieblingssendung »Lebe leichter« guckte, klopfte es an die Tür. Es war Frau Stolze-Schubert.

    »Wir müssen reden«, sagte sie und stürmte in mein Zimmer.

    »Was haben Sie sich dabei gedacht, die Toilette in so einem Zustand zu verlassen?«

    Ich wusste gar nicht, wovon sie sprach.

    »In was für einem Zustand denn?«

    »Ich kam heute Morgen ins Treppenhaus, um in mein Bügelzimmer zu gehen, und da schlug mir dieser Gestank entgegen. Es kam von Ihrer Toilette. Alles voller Kot! Es war widerlich.«

    »Das kann nicht sein! Ich habe heute Morgen ganz normal abgespült.«

    »Anscheinend nicht richtig. Und wenn noch was übrig bleibt, dann muss man es wegputzen. Wofür steht denn eine Klobürste da?« Ich zuckte mit den Schultern.

    »Das habe ich mich auch schon oft gefragt. Ich habe keine Ahnung, was man mit so einem Teil macht.«

    Frau Stolze-Schubert schüttelte den Kopf.

    »Na, das ist ja wohl unmöglich. Mitkommen!«

    Ich musste mit ihr in mein Badezimmer gehen, wo sie mir zeigte, wie man die Klobürste in die Kloschüssel steckt, darin herumrührt und auf diese Weise die Toilette von innen reinigt. Ich rümpfte die Nase. Das war ja ekelhaft!

7 Coline lernt putzen

»So macht man das«, sagte Frau Stolze-Schubert. »Und das machen Sie jetzt jedes Mal, wenn Sie auf der Toilette waren. Sonst werden wir beide ordentlich Ärger miteinander bekommen.«

Dann wollte sie noch mein Zimmer inspizieren. Mir war das gar nicht recht, aber danach fragte die Stolze-Schubert gar nicht erst, sondern rannte einfach los. Zielstrebig steuerte sie auf den Herd zu, auf dem noch Reste von der Milch klebten, die mir gestern Abend übergekocht war.

»Ja, wie sieht denn der Herd aus? Das ist ja unhaltbar!«

»Mir ist gestern die Milch übergekocht.«

»Das sehe und rieche ich. Das muss man wegputzen. So ein Herd gehört gepflegt!«

»Zu Hause putzt meine Mama. Und früher mein Opi, aber der kann jetzt nicht mehr so viel, weil er schon so alt ist.«

»Na, das mag ja sein. Aber so geht das nicht!«

»Was geht so nicht?«

»Dass Sie hier alles verkommen lassen.«

»Tut mir leid.«

»Na, das will ich auch hoffen.« Frau Stolze-Schubert rieb sich die Nase. »So wird das jedenfalls nichts, Fräulein. Sie müssen erst mal putzen lernen. Sonst können Sie es gleich vergessen, hier weiter in meinem Haus zu wohnen«, sie sagte es und marschierte raus.

Liebes Tagebuch, ich bin verzweifelt. Ich habe doch noch nie geputzt! Zumindest nicht richtig. Okay, ich habe zu Hause mal den Tisch abgewischt und abgetrocknet habe ich auch schon ein paar Mal, wenn Opa gespült hat. Das ist ja nicht das Problem, den Abwasch habe ich hier auch schon gemacht und das hat immer geklappt. Mein Problem ist, dass ich weder weiß, wie man eine Toilette richtig putzt, noch, wie man einen Herd säubert, wenn etwas übergekocht ist. Wo lernt man das? Gibt es Putzkurse oder so? Woher wissen das die anderen Menschen?

Ich beschloss, das Projekt Putzen auf morgen zu verschieben. Heute hatte ich dafür eh keine Zeit mehr. Ich musste noch 20 Seiten im Lehrbuch für morgen lesen, drei Übungsaufgaben machen, eine halbe Stunde lang Geige spielen und das Moospflänzchen, das ich am Wochenende getrocknet hatte, klassifizieren und einordnen. Bis morgen würde der Schmutz jetzt auch noch warten können.

Am nächsten Tag kam ich gegen Mittag von der Universität zurück. Die Nachmittagskurse waren ausgefallen. Die gewonnene Zeit konnte ich gut ins Putzen investieren. Obwohl – eigentlich würde ich viel lieber im Biolehrbuch weiterlesen, das war gerade so spannend ... Aber was muss, das muss, sagt Opa immer.

An der Haustür empfing mich Frau Stolze-Schubert.

»Fräulein Meier!«

»Ja, die bin ich. Was gibt es?«, fragte ich.

»In Ihrem Zimmer sieht es immer noch so aus wie gestern nach unserem Gespräch. Der Herd, eine Katastrophe. Es bereitet Schmerzen, sich so etwas anzugucken.«

»Tut mir leid, dass Sie Schmerzen haben. Das wollte ich nicht. Außerdem brauchen Sie doch auch gar nicht in mein Zimmer zu kommen.«

»Das ist immer noch mein Haus.«

Sie verschränkte die Arme vor der Brust. Ich wollte sie nicht weiter verärgern, da ich auf keinen Fall rausgeschmissen werden durfte. Das wäre ein furchtbares Versagen für mich.

»Ich werde gleich putzen«, sagte ich daher schnell.

»Das will ich sehr hoffen. Morgen hat es sauber zu sein und zwar pikobello. Pikobello! Haben wir uns verstanden?«

Ich nickte, obwohl ich nicht wusste, was ein Bello damit zu tun hat. Sind Hunde denn sehr sauber? Ich dachte immer, Katzen seien bekannt für Sauberkeit. Aber Hunde, ach, egal. Viel schlimmer war, dass ich immer noch nicht wusste, wie man putzt. Ich rief also Opa an und erzählte ihm alles.

»Was heißt denn pikobello?«, fragte ich, nachdem ich Opa in einem Zug und ohne Unterbrechung alles erzählt hatte.

»Moment, Coline! Die Frau Stolze-Schubert stolziert einfach so in dein Zimmer? Auch, wenn du nicht da bist?!«

»Ja, ja. Was heißt denn nun pikobello?«

»Sehr sauber, Coline. Aber hör mal, das geht nicht. Sie hat dir die Wohnung vermietet und jetzt kein Recht mehr, in dein Zimmer unangemeldet rein zu gehen. Verstehst du? Das ist deine Privatsphäre und geht sie nichts mehr an. Wir bezahlen teures Geld dafür, dass du alles nutzen darfst.«

»Ist das wirklich so? Ich meine, dass sie gar nicht reinkommen *darf*?«

»Nur unter bestimmten Bedingungen darf sie dein Zimmer betreten und nicht unangemeldet.«

»Auch nicht, wenn das Haus abbrennt?«

»Doch, dann schon. In einem Notfall gelten andere Regeln. Aber nicht einfach so, um rumzuschnüffeln.«

»Kann Sie mir kündigen, wenn ich es ihr verbiete, in mein Zimmer zu kommen?«

»Natürlich nicht. Ganz im Gegenteil: Sie begeht eine Straftat, wenn sie reinkommt.«

»Aha. Also brauche ich auch gar nicht zu putzen, ja? Weil die Frau Stolze-Schubert eh nicht hier rein darf?«

»Das hat damit nichts zu tun, Coline. Putzen musst du trotzdem.«

»Schade.«

»Quatsch! Putzen ist gar nicht schwer. Also, um den Herd zu schrubben, benutzt du am besten Stahlwolle.«

»Wolle? Und das funktioniert?«

»Stahlwolle. Das sind diese Drahtknäule, mit denen man den Schmutz abrubbeln kann.«

»Ach, diese grauen Teile, die wir zu Hause im Küchenschrank rumliegen haben?«

»Genau die.«

»Hab ich nicht.«

»Wie, hast du nicht? Hast du denn Topfreiniger da?«

»Nein.«

»Aber einen vernünftigen Haushaltsreiniger?«

»Nein.«

»Was hast du denn zum Putzen da?«

»Na, Spüli«, sagte ich stolz.

»Das reicht nicht. Coline, als erstes gehst du einkaufen.«

Opa sagte mir genau, wie die Dinge hießen, die ich unbedingt zum Putzen brauchen würde. Da er schon mal dabei war, sagte er mir auch, was ich kaufen musste, um das Badezimmer und besonders die Toilette zu reinigen. Es wurde eine ziemlich lange Liste.

»So viel?«, fragte ich.

Ja. So viel. Das war alles nötig. Sagte Opa. Und Opa weiß so etwas.

Ich radelte also mit meinem großen Rucksack los in die Stadt und kaufte in der Drogerie ein. Zum Glück hatten sie alles da, was Opa haben wollte. Danach rief ich wieder bei Opa an. Schritt für Schritt erklärte er mir, wie man einen Herd putzte. Ich schrieb vorsichtshalber alles mit. Bei so komplizierten Dingen kann man schließlich nie wissen.

Später rieb ich mit der Stahlwolle über den Herd, bis meine Fingernägel von der Spüli-Lauge ganz weich waren. Aber es lohnte sich: Der Schmutz war weg! Auch die Toilette reinigte sich quasi von selbst. Ich musste nur etwas Reiniger einmal rund um die Kloschüssel von oben tropfen lassen, einen von den Behältern mit WC-Duft reinhängen und ein Reinigungs-Tab in die Spüle werfen. Das ganze Zeug reinigte die Toilette von ganz alleine und nach einer halben Stunde brauchte ich nur noch die Spülung zu betätigen. Super!

Liebes Tagebuch, ich bin stolz auf mich. Richtig, richtig stolz! Was Coline nicht alles lernen kann! Jetzt kann ich sogar schon putzen. Wow!

Zur Belohnung lief ich zum Bäcker um die Ecke und kaufte mir ein Stück Käsekuchen. Eigentlich sieht mein Haushaltsplan Käsekuchen nur noch fürs Wochenende vor, da ich nicht zu viel Geld ausgeben darf. Aber heute hatte ich eh schon so viel Geld für das Reinigungszeug ausgegeben, dass es darauf auch nicht mehr ankam. Der Kuchen schmeckte auch besonders gut, zumal ich dabei endlich im Biologiebuch weiterlesen konnte.

Später rief Mama an und fragte, ob das Putzen geklappt habe.

»Natürlich!«, rief ich. »Hier ist jetzt alles pikobello.«

Da fiel mir ein, dass ich etwas fast vergessen hatte. Ich lief runter und klingelte an Frau Stolze-Schuberts Tür. Sie öffnete erst nach dem zweiten Klingeln.

»Ja?«

»Frau Stolze-Schubert, Sie dürfen nicht mehr in mein Zimmer gehen. Nur nach Anmeldung und nicht in meiner Abwesenheit.«

Bevor sie etwas sagen konnte, ging ich weg. Frau Stolze-Schubert ging schließlich auch oft einfach weg, obwohl ich noch etwas Wichtiges sagen wollte. Jetzt konnte sie selbst sehen, wie es ist, wenn man unbedingt noch etwas loswerden muss und nicht kann.

Liebes Tagebuch, ich fühle mich richtig gut. Ich habe heute ganz viel erreicht, was nur richtig erwachsene Menschen können: Putzen, Reinigungssachen kaufen und mit der Vermieterin – wie sagt man doch? – ein ernstes Wörtchen reden. Coline wird langsam richtig groß. Und das fühlt sich so gut an!

Der Dreck muss weg: Wie putzt man seine Wohnung?

Beim Thema »Putzen« scheiden sich die Geister. Dem einen kann es nie sauber genug sein und jedes Staubkorn stört, der andere lässt sich selbst von Bergen von Schmutzwäsche und dreckigem Geschirr, von Wollmäusen unter dem Bett und Spinnweben an der Decke nicht aus der Ruhe bringen. Solange ein Mindestmaß an Reinlichkeit eingehalten wird und die mangelnde Hygiene nicht zu Lasten der Gesundheit geht, sollte man das individuell unterschiedliche Reinlichkeitsbedürfnis einfach akzeptieren.

Doch egal ob Reinlichkeitsfanatiker oder Putzmuffel, früher oder später muss jeder einmal ran. Beim Putzen sollte man einige Regeln beachten, um sich die Arbeit nicht zusätzlich zu erschweren:

- Immer zuerst oben (Decke, Schränke) putzen und sich dann nach unten bis zum Boden vorarbeiten
- Erst staubsaugen, dann nass durchwischen
- Von der hinteren Zimmerwand zur Tür wischen, um beim Rausgehen nicht über den frisch gesäuberten Boden gehen zu müssen
- Die richtigen Reinigungsmittel anwenden (zum Beispiel Kalkreiniger bei Kalkflecken, Scheuermilch bei hartnäckigem Schmutz)

- Bei besonderen Flecken spezielle Reinigungstricks anwenden, zum Beispiel ein mit Kaugummi verklebtes Kleidungsstück in die Gefriertruhe legen. Im gefrorenen Zustand lässt sich der Kaugummi besser ablösen.

Hilfreiche Links im Internet

Tipps, Tricks und Anleitungen rund ums Putzen:
www.putzen.de

Hausmittel und Haushaltstipps:
https://www.frag-mutti.de/

Sammlung von Haushaltstipps:
https://1000haushaltstipps.de/

8   Hilfe! Coline bekommt Besuch

Liebes Tagebuch,

in zwei Tagen schreiben wir in Mikrobiologie unsere erste Klausur. Mikrobiologie ist extrem spannend, aber leider auch sehr kompliziert. Daher bin ich auch schon seit Wochen nur am Lernen. Ich muss Unmengen an Bakterien mit ihren jeweiligen Merkmalen auswendig lernen und genau wissen, wie sie aufgebaut sind, welche Grundformen es gibt und wie die sich voneinander unterscheiden. Ich weiß gar nicht, wie ich das alles in meinen Kopf bekommen soll.

Den anderen Studenten muss es ähnlich gehen. Überall höre ich, wie sie sich gegenseitig vorjammern, dass der Stoff viel zu viel ist.

Vor einigen Tagen passierte etwas Außergewöhnliches, nie Dagewesenes. Es war ein Schock für mich. Zwei Mädchen aus meinem Semester, sie heißen Gaby und Erna, haben mich ganz plötzlich und unvermutet angesprochen. Ich habe schon manchmal mit ihnen geredet, da sie im Praktikumssaal neben mir stehen. Wir haben uns gegenseitig mit Chemikalien oder Bakterienkulturen ausgeholfen und bei einigen Aufgaben sogar zusammenarbeiten müssen. Gaby und Erna waren eigentlich ganz okay.

Heute wollten sie aber weder eine Chemikalie von mir noch ein Bakterienpräparat ausleihen, nein, sie fragten mich, ob wir zusammen lernen könnten!

»Wir treffen uns einfach bei einem von uns und kämpfen uns gemeinsam durch den Stoff«, sagte Gaby.

»Supi«, sagte Erna. »Aber nicht bei mir. Ich wohne 40 km entfernt bei den Eltern und pendle jeden Tag.«

»Bei mir ist es auch nicht so günstig. In meiner WG ist wenig Platz und viel Lärm«, meinte Gaby und beide sahen mich an.

»Geht es denn bei dir, Coline? Wo wohnst du?«

»Bei Frau Stolze-Schubert. Ich habe ein eigenes Zimmer und ein Badezimmer. Das Badezimmer ist aber nur vom Flur aus zu erreichen.«

»Ach, das macht doch nichts. Können wir zu dir kommen? Bist du einverstanden?«

Mir fielen sofort hunderte Gründe ein, warum das nicht ging.

»Es ist nicht aufgeräumt bei mir«, sagte ich. Gaby lachte.

»Bei mir auch nicht. Meine Mitbewohnerin, so eine ganz pingelige, bekommt immer einen Schock, wenn sie mein Zimmer sieht.«

»Und ich habe keinen Platz für drei und nur zwei Stühle«, versuchte ich es.

»Ach, dann setzt sich einer eben aufs Bett. Oder auf den Boden.

Das passt schon.«

Ich atmete tief durch.

»Wann denn?«, krächzte ich.

»Am besten gleich heute. Oder morgen?«

»Heute geht überhaupt nicht. Und morgen auch nicht!«, rief ich entsetzt.

»Und warum nicht?«

»Heute muss ich Moose mikroskopieren und morgen hab ich einen Termin bei Frau Hilfreich.«

»Frau Hilfreich? Wer ist denn das?«

»Meine Therapeutin.«

»Oh. Du hast eine Therapeutin?«

»Ja, ihr nicht?«

Die beiden schüttelten die Köpfe. Es herrschte Schweigen. Dann fragte Erna: »Wie ist es dann mit übermorgen, also Donnerstag?«

Am liebsten hätte ich wieder laut »Nein!« geschrieen. Früher hätte ich das auch gemacht. Heute aber nickte ich widerstandslos. Ich brachte sogar ein gelogenes »Ich freue mich« zustande. Die Worte fühlten sich fies an in meinem Mund.

Nun war eh alles egal. Ich hatte es nicht abwehren, nicht verhindern können. Gaby und Erna gingen weg und tuschelten. Wahrscheinlich über mich. Weil ich mich so komisch verhalten hatte. Weil ich nicht einfach wie andere in so einer Situation sofort gerufen hatte: »Klar, gerne, kommt doch zu mir. So oft und so lange ihr wollt.«

Aber so einfach ist das für mich nicht. Ich lasse nicht gerne fremde Menschen in mein Zimmer. Die bringen dann alles durcheinander. Sie wollen sich meine Moossammlung angucken oder meine Lieblingsschokolade aufessen. Da fiel mir ein, dass ich für die beiden gar nichts zum Essen und Trinken da hatte. Mama sagte, man müsse Saft oder Sprudel anbieten, wenn man Besuch bekommt. Und etwas zum Essen, zum Beispiel Kekse. Ich hatte aber nur Tee und Milch und zum Knabbern nur die Coline-Spezial-Kekse da und die waren für den ganzen Monat abgezählt. Es half also alles nichts. Ich musste noch einkaufen gehen. Und das bedeutete, dass ich meinen Haushaltsplan für diese Woche wieder nicht einhalten konnte. Ich würde mehr Geld ausgeben müssen, als geplant. Das war alles so furchtbar. Warum nur musste ausgerechnet mir so etwas passieren? Warum wollten Gaby und Erna ausgerechnet mit mir lernen? Sie hätten doch auch jeden anderen fragen können.

Ich überlegte, ob ich den Besuch doch noch verhindern könnte, ich könnte zum Beispiel krank werden. Krank werden ist immer gut. Zumindest viel besser, als Besuch zu bekommen.

Liebes Tagebuch, jetzt wo ich wieder zu Hause bin, habe ich nachgedacht. Eigentlich ist dieser Besuch auch eine Chance. Eine Chance, endlich etwas mehr dazu zu gehören. Endlich auch ein bisschen so zu sein wie die anderen. Denn die anderen besuchen sich ständig gegenseitig. Bei denen ist das ganz normal. Und wenn ich auch so normal sein will, dann muss ich Besuche zulassen können. Also werde ich nicht krank werden oder mir eine andere Ausrede ausdenken. Ich werde mich bemühen, eine gute Gastgeberin zu sein und vor allem: Ganz normal zu sein.

Das war eine große Aufgabe. Ich war mir nicht sicher, ob und wie ich das schaffen könnte. Deshalb fragte ich am Mittwoch Frau Hilfreich nach Tipps.

»Coline, ich finde es toll, dass du die Mädchen eingeladen hast. Das ist eine ganz große Sache für dich! Du musst stolz auf dich sein.«

Auch noch stolz sein? Da war ich mir nicht so sicher. Aber Frau Hilfreich dafür umso mehr. Zum Glück hatte sie einige gute Ideen, wie ich mich vorbereiten kann.

»Erstmal darfst du dir keinen Stress machen. Nichts muss perfekt sein. Es ist schon toll genug, dass du es überhaupt machst.«

»Okay, aber was mache ich mit den beiden? Muss man was zum Essen da haben? Was kochen oder so?«

»Sie kommen doch nachmittags, oder? Dann reicht es vollkommen, wenn du ein paar Süßigkeiten hinstellst. Außerdem seid ihr ja zum Lernen bei dir und nicht zum Essen.«

Da hatte Frau Hilfreich Recht. Zum Trinken meinte sie reiche es vollkommen, wenn ich eine Flasche Wasser und eine Flasche Saft besorge und Tee anbiete.

»Wenn niemand Saft oder Wasser trinken mag, hebst du die Getränke einfach für den nächsten Besuch auf.«

Nächster Besuch? Ich war erstmal froh, wenn ich den ersten hinter mich gebracht hätte.

Frau Hilfreich wünschte mir viel Glück. Sie sei gespannt, was ich nächste Woche berichten werde.

Liebes Tagebuch, ich bin sehr aufgeregt gewesen vor dem Donnerstagnachmittag. Und dann war es überhaupt nicht schlimm! Gaby und Erna kamen mit einem Stapel Bücher und wir fingen gleich an zu lernen. Zwischendurch kochte ich Tee, die beiden mögen nämlich Tee genauso gerne wie ich. Wir lernten bis halb sieben und ehe ich unruhig werden konnte, weil um sieben meine Sendung anfängt, die ich auf keinen Fall verpassen darf, verabschiedeten sie sich auch schon!

»Ich muss doch mit der Bahn heimfahren. Da ist es mir lieber, nicht zu spät abends unterwegs sein zu müssen«, sagte Gaby.

Dann waren sie weg. Und ich blieb sehr zufrieden mit mir zurück. Das war optimal gelaufen. Wenn Besuch bekommen immer so einfach ist, dann kann ich das vielleicht wirklich öfter machen.

Gute Gäste, schlechte Gäste

Auch autistische Menschen wollen (oder müssen) manchmal Besuch bekommen. Das kann sie mitunter vor besondere Probleme stellen.

Zum einen ist es so, dass viele Autisten einen besonderen Tagesplan haben, an den sie sich – manchmal sogar minutiös – halten müssen, um sich wohl zu fühlen. Ein Besuch lässt sich meistens nicht in diesen Plan integrieren. Auch kann es Angst und Sorgen bereiten, dass Besucher in ihrem Verhalten unberechenbar sind. Man kann nicht voraussehen, was sie essen und trinken wollen oder ob sie vielleicht gar nichts angeboten bekommen wollen. Auch ist es fast nie möglich, im Vorhinein festzulegen, wie lange die Gäste bleiben werden. Für Autisten kann es jedoch einiges der Angst nehmen, wenn sie bereits im Vorfeld wissen, wie lange sie »durchhalten« müssen.

Ein weiteres Problem und sogar Hemmnis, Gäste überhaupt zu empfangen, kann die Wohnung sein. Autisten sind manchmal völlig chaotisch und haben Angst, von anderen wegen ihrer Unordentlichkeit verspottet oder kritisiert zu werden. Andere halten eine geradezu peinliche Ordnung ein und haben große Angst, dass Besucher diese Ordnung durcheinander bringen könnten. Oft reicht es hier schon, ein Kissen auf dem Sofa zu verrücken, um einen Autisten zu irritieren.

Ein Besuch bei einem Autisten ist also ein besonderes Ereignis sowohl für den Autisten als auch für den oder die Besucher, die sich dabei auf oft eher ungewöhnliche Regeln und Gewohnheiten einlassen müssen.

Checkliste: So wird der Besuch zum Erfolg

- Versuchen, im Vorfeld zu klären, wie lange der Besuch bleiben wird. Mögliche unauffällige Fragen sind: Soll ich noch Kuchen für den Nachmittag/ein Abendessen besorgen?
- An der Besuchszeit kann man erkennen, welches Essen zum Anbieten geeignet ist. Um die Mittagszeit ist ein warmes Essen angebracht, nachmittags sind Kekse, Kuchen oder auch Eiscreme willkommen und abends entweder ein einfaches warmes Essen wie Suppe oder belegte Brote.
- Wenn Besuch kommt, sollte die Wohnung einigermaßen aufgeräumt sein. Übertreiben mit der Ordnung muss man es aber nicht. Die Wohnung soll immer noch so sein, dass man sich selbst darin wohl fühlt. Wer sich im Chaos wohl fühlt, braucht nur wegen eines Besuchs sein Zimmer nicht in ein steriles Museum zu verwandeln.
- Günstig ist es, sich ein kleines Programm zu überlegen. Gesellschafts-, Quiz- oder Kartenspiele spielen, Fotoalben angucken oder gemeinsam kochen sind Dinge, die man gut mit Freunden machen kann.
- Da man nie genau weiß, wann der Besuch kommt, sollte man auf jeden Fall schon vor der vereinbarten Zeit mit den Vorbereitungen fertig sein. Dazu gehört auch, dass man sich selbst etwas Vernünftiges anzieht und die Gäste nicht im Haus- oder gar Schlafanzug empfängt. Geeignet sind eine saubere Jeans mit einem frischen T-Shirt oder einem Pullover.

Tipps für Gäste von Autisten

- Die Gastlichkeit des Autisten nicht überstrapazieren und nicht länger als vereinbart bleiben.
- Den Zustand der Wohnung nicht kommentieren.
- Darüber hinwegsehen, wenn das angebotene Essen und/ oder die Getränke ungewöhnlich oder unangemessen sind.
- In der Wohnung möglichst wenig anfassen und nichts verändern.
- Sich selbst etwas einfallen lassen und Leerlaufphasen, in denen ein ungemütliches Schweigen herrscht, mit einem interessanten Unterhaltungsthema oder einem Programmpunkt überbrücken.

9 Wie erkläre ich den Kommilitonen Asperger? Die Autisten-Ausweis-Karte

Liebes Tagebuch,

ich habe ein Problem: Ich will, dass alle in meinem Semester Bescheid wissen, dass ich das Asperger-Syndrom habe. Bisher weiß es noch niemand. Ich bin es aber leid, mich ständig verstellen zu müssen. Außerdem fühlt es sich nicht gut an, Geheimnisse vor den anderen zu haben. Wenn die Assistenten, die die praktischen Übungen betreuen, mich auf den Autismus ansprechen, muss ich immer mit ihnen tuscheln.

Aber wie mache ich das? Wie erreiche ich es, 42 Leute zu informieren? Ich kann doch nicht zu jedem einzelnen hinrennen und ihm sagen »Hi, ich habe Asperger.« Nein, das muss doch auch einfacher gehen. Außerdem ist so ein kurzer Satz eh ungeeignet. Woher ich weiß, dass »Hi, ich habe Asperger« zu sagen, nicht funktioniert?

Ich habe es ausprobiert, damals, als ich an dem Schüleraustausch mit unserer Partnerschule in Österreich teilgenommen habe. Ich habe meine Austauschpartnerin gleich am ersten Abend ihres Aufenthalts bei uns um ein Gespräch alleine gebeten. »Silvie«, habe ich gesagt. »Du, ich muss dir etwas erzählen. Ich habe Asperger.«

»Hä? Berger? Was ist das? Dein Freund?«

Also, als Freund würde ich meinen Autismus nun wirklich nicht bezeichnen. »Meine Krankheit«, erklärte ich.

Silvies Augen wurden plötzlich ganz groß und sie wich einen Schritt zurück.

»Du bist krank? Ist das ansteckend? Stirbst du daran?«

Sterben? Kann man am Autismus sterben? Das wusste ich selbst nicht so genau. Ich wurde unsicher. Ich hatte mich noch nie für die Lebenserwartung autistischer Menschen im Vergleich zu gesunden Menschen interessiert.

»Ich weiß nicht«, sagte ich wahrheitsgemäß. Silvie begann zu kreischen. Ich musste mir die Ohren zuhalten. Dann rannte sie wie eine Irre durch das Wohnzimmer, flitzte dann in die Küche, wo sie sofort Opa anschrie:

»Wie können Sie nur? Wie können Sie das zulassen? Mein Vater ist Anwalt, der wird Sie verklagen! Oh, machen Sie sich darauf gefasst, wenn ich jetzt infiziert worden bin, dann machen wir Sie fertig.«

Bevor Opa etwas antworten konnte, war Silvie schon hoch in das Gästezimmer gerannt.

»Was war denn jetzt los?«, fragte Opa. »Coline, was hast du bloß gemacht?«

Ich schüttelte den Kopf. Ich wusste ja selbst nicht, was ich schlimmes gemacht haben sollte.

»Was hast du gesagt?« schrie nun Opa.

»Nur, dass ich Asperger habe«, sagte ich.

»Das ist alles? Und da regt sie sich so auf?«

»Ich versteh das ja selbst alles nicht! Opi, sag bitte schnell, sterbe ich am Asperger?«

»Wie kommst du denn darauf? Nein, natürlich nicht«, rief Opa.

»Silvie hat gefragt, ob man daran stirbt. Bist du denn ganz sicher, Opi?«

»Natürlich bin ich sicher. Coline, was lässt du dir nur immer einreden. Asperger ist ...«

Weiter kam Opa nicht, da gerade mit einem lauten »Rumms« die Haustür ins Schloss fiel. Silvie war weg.

Am nächsten Tag in der Schule erfuhr ich, dass sie abgereist war. Die Lehrerin der Gruppe aus Österreich sagte, Silvie sei noch gestern Abend zurück nach Hause geflogen. Ich habe sie nie wieder gesehen. Eins aber habe ich daraus gelernt: Es ist schwer bis unmöglich, Menschen, die es nicht kennen, vom Asperger-Syndrom zu erzählen.

Was also jetzt tun? Die aus meinem Semester wissen mit Sicherheit auch nicht, was Asperger-Autismus ist. Autismus an sich glauben zwar die meisten zu kennen. Doch tatsächlich denken sie dabei oft nur an Rain Man. So wie meine Cousine Hilla, die einmal meinte, ich sähe doch gar nicht aus wie Rain Man und auch noch so blöd fragte:

»Bekommen Autismus nicht nur Männer?«

Das alles macht mich wütend und traurig zugleich. Als sei es nicht schon schlimm genug, eine Behinderung zu haben. Noch schlimmer ist es, wenn man damit leben muss und es einem noch nicht mal jemand glaubt. Und warum glaubt es kaum jemand? Weil Autisten wie ich ganz normal aussehen und auch nicht offensichtlich als krank oder gestört oder so erscheinen. Wenn ich im Rollstuhl sitzen würde oder einen Blindenhund hätte, bräuchte ich mich wahrscheinlich nicht ständig zu erklären. Manchmal wünschte ich mir das fast. Eine »unsichtbare« Behinderung wie das Asperger-Syndrom fällt einfach niemandem auf. Natürlich kann das auch mal nützlich sein. Meistens ist es aber eine Belastung, weil andere immerzu Dinge von einem erwarten und verlangen, die man einfach nicht leisten kann.

Heute hatte ich wieder eine Therapiestunde bei Frau Hilfreich.

»Wie läuft es an der Uni?«, fragte mich die Therapeutin.

»Eigentlich ganz in Ordnung. Das Mikrobiologie-Praktikum macht viel Spaß. Letztes Mal haben wir einen Grashalm im Quer- und Längsschnitt betrachtet. So was von spannend! Wussten Sie schon, dass ...?«

»Coline, haben wir uns nicht geeinigt, dass wir hier über etwas anderes als über deine kleinen grünen Pflänzchen sprechen wollen?«

Stimmt. Die Regeln für die Therapiestunde waren, dass wir über meine Probleme, Gedanken und so sprechen müssen. Und ich hatte diesmal auch wirklich ein Problem zu besprechen.

»Ich plane mein Coming-Out, aber weiß noch nicht wie«, kam ich daher ohne Zeit zu verlieren zum Punkt.

»Dein Coming-Out? Du meinst, dass du, nun, wie soll ich sagen, äh, dich in eine Frau verliebt hast?«

»Häh?

»Na, du willst dich doch outen. Als homosexuell.«

War Frau Hilfreich jetzt blöde, oder was?

»Ich bin autistisch, nicht homosexuell! Ich will mich als Autistin outen.« Jetzt verstand Frau Hilfreich.

»Ach so. Du willst dich also, so wie homosexuelle Menschen zu ihrer sexuellen Orientierung, zu deiner Behinderung bekennen. Das ist gut.«

Huh, wie geschwollen und wichtig das aus ihrem Mund klang.

»Ich wünsche mir doch nur, so leben und sein zu dürfen, wie ich bin. Und dass ich so auch akzeptiert werde. Und dafür müssen die anderen doch Bescheid wissen, oder nicht?«

Plötzlich war ich mir da gar nicht mehr so sicher. War die Idee, doch nicht gut, mich zu outen? Würden die anderen mich dann auslachen, oder erst recht ausgrenzen? Ich bekam Angst. Ich wollte nicht wieder ein Außenseiter sein, jedenfalls nicht selbstverschuldet, indem ich den anderen auch noch laut sage, dass ich anders bin und nicht richtig zu ihnen gehöre.

Frau Hilfreich merkte meine Unsicherheit. Und sie wusste eine gute Lösung. Sie meinte, dass ich eine Liste mit Vor- und Nachteilen für ein Outing anfertigen sollte. Das war meine Hausaufgabe für die nächste Therapiestunde.

Meine Liste mit Vor- und Nachteilen sah dann so aus:

Pro:

- Ich brauche mich nicht mehr zu verstellen.
- Andere können besser einschätzen, was ich kann und was ich nicht kann.
- Vielleicht haben andere mehr Verständnis für mich.
- Ich kann um Hilfe fragen, wenn mich etwas überfordert.
- Ich brauche mir keine Ausreden mehr zu überlegen, wenn ich nicht spontan mit den anderen etwas machen kann/will.

Kontra:

- Ich muss meinen Traum aufgeben, eine Studentin wie jede andere zu sein, denn von meinem Outing an bin ich etwas »Besonderes«.
- Die anderen lehnen mich vielleicht ab, weil sie mit Behinderten nichts zu tun haben wollen.
- Vielleicht werde ich verspottet oder ausgelacht.

- Vielleicht fragen mich die anderen dann nie mehr, ob ich abends mal mit ihnen ausgehen möchte.
- Vielleicht glauben die anderen, dass Autisten wie ich keine Freunde wollen oder brauchen (dabei will ich doch unbedingt Freunde!)

Frau Hilfreich sah sich die Liste lange an. Dann fragte sie, ob mir etwas aufgefallen sei. Ich schüttelte den Kopf. Was sollte mir denn aufgefallen sein?

»Auf deiner Kontra-Liste steht in fast jedem Satz ein »vielleicht«. Nur nicht im ersten. Und zu diesem ersten Punkt muss ich dir sagen: Coline, du bist nun mal etwas Besonderes, Außergewöhnliches. Meinst du nicht, dass du dazu auch stehen kannst?«

»Weiß nicht. Ich möchte lieber ganz normal sein.«

Frau Hilfreich sagte jetzt wieder ihren Standard-Satz: »Normal gibt es nicht.«

Dann erklärte mir Frau Hilfreich, dass sie auf meiner Liste stärkere Gründe sehe, die für ein Outing sprechen würden als dagegen.

»Und die Risiken, zum Beispiel dass dich einige Leute vielleicht nicht mehr fragen, ob du mit ihnen wohin gehen willst, musst du eingehen. Und außerdem, wenn du wie jetzt immer Ausreden parat hast, warum du nicht mitkommen willst, dann werden sie früher oder später eh aufhören, dich zu fragen.«

»Stimmt.«

Ich schluckte. Okay. Die Entscheidung fürs Outing war damit gefallen.

»Und wie oute ich mich nun?«, fragte ich Frau Hilfreich.

»Das überleg dir für die nächste Therapiestunde«, sagte Frau Hilfreich.

Die nächste Therapiestunde war aber erst in zwei Wochen, weil Frau Hilfreich in der nächsten Woche auf einer Fortbildung war. So lange wollte ich nicht warten. Wenn ich etwas beschlossen habe, möchte ich es auch gleich in die Tat umsetzen. Ich legte mir also einige Sätze im Kopf zurecht. Dann ergriff ich die erste Gelegenheit für einen Outing-Versuch, die sich ergab. Das war, als ich in der Straßenbahn auf dem Rückweg vom Institut zufälligerweise Julia, ein Mädchen aus meinem Botanik-Seminar, traf. Ich nahm allen Mut zusammen, stellte mich neben sie, räusperte mich – das macht man so, um Aufmerksamkeit zu erzeugen – und legte los:

»Also, Julia, ich muss dir etwas sagen.«

»Huch! Ach, du Coline, hast du mich aber erschreckt. Wie geht's?« Ich nickte. Plötzlich waren meine Worte weg. Julia lächelte und in meinem Kopf war es, als hätte jemand auf »löschen« gedrückt und meine ganzen Gedanken wegradiert. Ich kam mir nur noch lächerlich vor, wie ich so neben ihr stand, nicht wusste, was ich sagen sollte, während sie mich ansah, mit einem Blick, den ich nicht einordnen konnte. War es Überraschung? Oder Langeweile? Neugierde oder gar Freude?

»Und? Was machst du heute noch so? Erzähl doch mal was von dir«, forderte sie mich auf.

Und da sprudelte es einfach so aus mir heraus, ohne, dass ich noch nachdenken konnte.

»Ich bin nicht ganz normal. Ich meine, ich bin nicht wie die anderen. Ich bin Autistin. Das ist nicht heilbar. Aber man stirbt auch nicht dran. Und Freunde will ich trotzdem gerne haben. Und…«

»Autistin?« wiederholte sie und betonte dabei jeden einzelnen Buchstaben. Ich nickte.

»Ich habe das Asperger-Syndrom.«

»Das Was-Bitte-Syndrom?«

»Asperger. A-S-P-E-R-G-E-R. Kennst du das?«

»Nie gehört.«

Bevor ich es ihr erklären konnte, stieg sie aus. Als sie die Bahn verließ, drehte sie sich noch mal um, sah mich an und sagte:

»Asperger, ja? Werde ich mir merken.«

Was sie mit »Werde ich mir merken« meinte, weiß ich nicht. Ich hatte Angst, dass sie es so meinen würde wie die Leute im Fernsehen, die so ähnliche Sätze sagen, wenn sie später Rache nehmen wollen.

Ehe ich noch weiter darüber nachdenken konnte, sprach mich eine Frau in der Bahn an.

»Ist das ansteckend?«

Ich verstand erst gar nicht, dass sie mich meinte. Erst, als sie die Frage noch einmal stellte und mich geradezu anbellte, war ich sicher, dass sie mich meinen musste.

»Was ist ansteckend?« fragte ich.

»Na, ihre Krankheit. Dieser Automatismus oder so.«

»Autismus? Das ist eine angeborene Behinderung«, sagte ich würdevoll.

»Und wenn du mich anhustest? Werde ich dann auch autohistisch?«

»Nein. Leider nicht«, sagte ich und stieg aus. Die letzte Station ging ich lieber zu Fuß. Unterwegs dachte ich, dass es eigentlich eine schöne Vorstellung ist, wenn Autismus ansteckend wäre. Dann bräuchte man nur alle anzustecken und wäre endlich nicht mehr anders, sondern so, wie alle anderen auch.

Als ich Frau Hilfreich von meinem Erlebnis in der Straßenbahn erzählte, lobte sie mich.

»Coline, das hast du großartig gemacht. Ich bin stolz auf dich.«

Und damit es das nächste Mal noch besser klappt, hat sie mir einen guten Tipp gegeben: Ich soll mir eine Autisten-Ausweiskarte basteln und die immer bei mir tragen. Auf dieser Karte sollen kurz und knapp die wichtigsten Informationen zum Asperger-Syndrom stehen. Nach langem Überlegen habe ich mich für diesen Text entschieden:

Autisten-Ausweiskarte

»Hallo. Ich habe das Asperger-Syndrom. Das ist eine Behinderung, mit der man ganz normal leben kann.

9 Wie erkläre ich den Kommilitonen Asperger? Die Autisten-Ausweis-Karte

Was mein Asperger IST:

- eine Krankheit
- angeboren
- eine Einschränkung im sozialen Bereich
- der Grund, warum ich so wenig flexibel sein kann

Was mein Asperger VIELLEICHT ist:

- heilbar
- vererbbar

Was mein Asperger NICHT ist:

- ansteckend
- tödlich
- gefährlich
- anerzogen

Diese Ausweiskarte habe ich ein paar Mal kopiert und trage die Karten nun immer mit mir herum.

Wenn ich jetzt Kommilitonen vom Asperger-Syndrom erzähle, dann biete ich ihnen immer eine der Ausweiskarten an. Drei Mal habe ich das heute schon so gemacht und ich glaube, liebes Tagebuch, dass sich mein Autismus im Semester schon ein wenig herumgesprochen hat.

Ob es mir etwas bringt, weiß ich noch nicht. Auch nicht, ob mein Wunsch in Erfüllung geht, dass mich die anderen dann mehr akzeptieren können als jetzt. Aber Frau Hilfreich hatte recht, als sie sagte: »Mit deinem Outing kannst du außer falschen Freunden nichts verlieren.« So, liebes Tagebuch, jetzt haben wir erst mal Wochenende. Ich bin gespannt, wie es am Montag im Semester weitergeht. Ehrlich gesagt habe ich ein bisschen Angst vor den Reaktionen der anderen. Aber was hilft's? Ändern kann ich die anderen eh nicht. Und vielleicht reagieren ja noch mehr wie Julia. Die kam neulich zu mir und sagte, dass sie zum Asperger-Syndrom im Internet recherchiert habe. »Ich finde es toll, dass du damit so offen umgehst«, sagte sie. Ihre Worte haben mir sehr gut getan.

Outing – ja oder nein? Und wenn ja, wie, wann und vor wem?

Früher oder später kommt wahrscheinlich jeder Asperger-autistische Mensch einmal an den Punkt, dass er sich überlegen muss, ob und wem er von seiner Behinderung erzählt. Anders als bei sichtbaren körperlichen Behinderungen oder geistigen Behinderungen, die eine Teilnahme am normalen öffentlichen Leben stark einschränken, kann man sich mit dem Asperger-Syndrom in der Gesellschaft bewegen, ohne gleich als ein Mensch mit Behinderung aufzufallen. Sicherlich, es gibt die oft erwähnte Vorstellung, dass andere Menschen irgendwie spüren können, dass mit dem Asperger-Betroffenen etwas anders ist. Und auch wenn das so ist – meistens erklären sich die Menschen dieses Anderssein als Arroganz, Unbeholfenheit oder Exzentrik, nicht aber als Behinderung.

Es obliegt nun in der Regel dem Asperger-Autisten, sich seinen Mitmenschen als autistisch behinderter Mensch zu erkennen zu geben. Doch sollte man das überhaupt tun? Erwachsen daraus mehr Vorteile oder Nachteile?

Es ist immer ratsam, sich vor einem solchen Schritt die möglichen Folgen zu überlegen. Natürlich ist es unmöglich, alle Konsequenzen vorauszusehen. Menschen sind individuell völlig verschieden und in ihren Reaktionen unberechenbar und kaum einzuschätzen. Und dennoch kann man einige Vor- oder Nachteile des »Outings« auch vorab schon festmachen. Es hilft, folgende Fragen für sich zu beantworten:

- Was erhoffe ich mir von dem Outing?
- Wie werde ich mich nach dem Outing fühlen? Erleichtert, dass es endlich raus ist? Beschämt, da ich einen »Makel« eingestanden habe?
- Kann ich damit umgehen, wenn manche Menschen mich jetzt anders behandeln?
- Was könnte schlimmstenfalls passieren, wenn ich mich oute? Könnte ich mit diesen Folgen umgehen?

Letzten Endes muss jeder Autist die Frage nach dem Outing für sich selbst beantworten. Eine allgemeine Empfehlung zum einen oder anderen kann es nicht geben.

Im Kopf behalten sollten Autisten aber, dass Dinge oft nur so lange eine Peinlichkeit oder ein Problem sind, bis man einmal darüber sprechen kann. Wer offen mit etwas umgeht, bekommt von vielen Menschen (unerwarteten) Respekt, Interesse und oft auch Verständnis entgegengebracht.

Wie führe ich ein »Outing-Gespäch«?

Nach der Entscheidung für das Outing geht es an das »wie« der Umsetzung. Wichtig ist, dass man genau auswählt, wem man was und wie viel erzählt.

Es gibt Fälle spät diagnostizierter Autisten, die noch nicht einmal den eigenen Eltern von ihrer Diagnose berichten. Manche verheimlichen es aus Scham, andere, weil sie niemanden schockieren wollen und wieder andere denken, dass das Verhältnis zur Familie wegen früherer Konflikte eh schon kaputt sei. Dabei ist es nie zu spät, mit der Familie zu sprechen. Ehemals sehr belastete und schwierige Beziehungen können dadurch auf eine ganz neue Ebene gestellt werden. Ein Neuanfang mit der Familie ist (fast) immer möglich.

Checkliste: Tipps für ein gutes Gespräch mit der Familie

1. Wählen Sie einen günstigen Zeitpunkt. Günstig bedeutet, dass Zeit und Ruhe da sind. Wählen Sie keinen Zeitpunkt, an dem es ohnehin schon Konflikte gibt, Familienmitglieder in Eile oder gerade mit eigenen Problemen beschäftigt sind.
2. Wählen Sie einen passenden Ort. Passend bedeutet, dass sich hier jeder wohl fühlt. Wenn Sie sich im Haus Ihrer Eltern nicht wohl fühlen, sie aber auch nicht zu sich einladen wollen, eignen sich ein Spaziergang oder ein Plätzchen im Grünen für das Gespräch. Schlecht ist ein Ort, an dem zu viele andere Menschen sind. »Zu viele Menschen« bedeutet, dass es durch ihre Anwesenheit laut und unruhig ist und Fremde das Gespräch mit anhören können.
3. Überlegen Sie sich genau, welchen Familienmitgliedern Sie von Ihrer Autismus-Diagnose erzählen möchten. Erzählen Sie es besser niemandem, bei dem Sie sich nicht sicher sind, dass er oder sie es vielleicht weiter erzählen könnte.
4. Machen Sie sich Gedanken, wie Sie das Gespräch anfangen werden. Es gilt, nicht mit der »Tür ins Haus zu fallen«, also nicht gleich zu Beginn zu sagen: »Ich habe Autismus«. Gut ist es, die Zuhörer behutsam vorzubereiten, etwa mit der Frage: »Was wisst Ihr über Autismus?«. Diese offene Frage fordert die anderen auf, etwas über sich und ihre Vorstellungen vom Autismus zu erzählen. Schlecht ist eine geschlossene Frage wie »Kennt ihr Autismus?«, denn darauf lässt sich einfach mit »Ja« oder »Nein« antworten und das Gespräch kommt zum Erliegen.
5. Gut ist bei einem solchen Gespräch, wenn Sie offen über Ihre Gefühle sprechen. War für Sie Ihre Diagnose eine Erleichterung oder ein Schock? Hadern Sie mit Ihrer Behinderung oder sind Sie im Gegenteil sogar stolz darauf, ein »Aspie« zu sein? Wie Sie selbst mit der Diagnose umgehen, beeinflusst auch die

Einstellung ihrer Familie dazu. Wenn Sie sagen: »Der Tag meiner Diagnose war der beste in meinem Leben, so erleichtert war ich, endlich den Grund für mein Anderssein zu erfahren«, dann wird Ihre Familie den Autismus gewiss viel positiver sehen, als wenn Sie sagen »Ich wünschte, ich wäre nicht autistisch. Ein Leben mit Autismus ist die Hölle für mich.«

Möchte man Menschen, die nicht zur Familie gehören, vom Autismus erzählen, eignen sich ebenfalls die ersten vier der oben genannten Punkte. Ob man anderen Menschen wie unter Punkt fünf beschrieben, auch von seinem Gefühlen berichten möchte, hängt von der Beziehung zu diesen ab. Bei engen Freunden kann das passend sein. Bei Bekannten, Nachbarn und erst recht Arbeitskollegen oder gar Vorgesetzten haben Gefühle in einem Gespräch meist nichts zu suchen!

Wie können andere reagieren?

Es gibt unzählige Möglichkeiten, wie Menschen reagieren können, wenn man ihnen von der Diagnose Asperger-Autismus berichtet. Die folgenden Extremtypen wird es so in der Realität nicht geben. Einige ihrer Eigenschaften lassen sich aber bestimmt auch bei einem Ihrer Mitmenschen wiederfinden.

Typ 1: »Oberflächlicher Talker«
Dieser Typ ist nicht wirklich am Asperger-Syndrom oder Ihnen interessiert, sondern nur an den »News« hinter Ihrem Outing. Er will immer auf dem aktuellen Stand sein, alles als erster wissen und ist gewöhnlich auch der, der Geheimnisse weitererzählt. Bei diesem Typ besser vorsichtig mit Informationen sein, denn was er weiß, wissen bald alle.

Typ 2: »Verständnisvoller Helfer«
Dieser Typ ist wirklich am Betroffenen und dessen Problemen interessiert. Er hört Ihnen gerne zu und bietet ehrlich seine Hilfe an. Allerdings kann seine Hilfsbereitschaft mitunter auch lästig werden, da dieser Typ dazu neigt, es mit seinem Bekümmern zu übertreiben.

Typ 3: »Cooler Klassenclown«
Dieser Typ kommt mit ernsten Themen nicht gut zurecht. Solange er ein Späßchen auf den Lippen haben kann und im Mittelpunkt steht, fühlt er sich sicher. Bei ernsteren oder emotionaleren Themen weicht er aus oder macht aus Verlegenheit Scherze. Verständnis ist von diesem Typen eher nicht zu erwarten.

10   Die leeren Kaufhaus-Regale

Liebes Tagebuch,

seit ich studiere, esse ich jeden Morgen zwei Scheiben Vollkornbrot mit Erdnussbutter. Gestern Morgen war das Erdnussbutter-Glas fast leer. Es reichte noch gerade, um die zwei Scheiben ausreichend zu bestreichen. Gestern Nachmittag wollte ich neue Erdnussbutter kaufen. Ich kaufe die immer im gleichen Discounter, weil sie von dort am besten schmeckt. Ich ging also in das Geschäft und lief gleich zum Regal mit den Aufstrichen. Doch das Fach war leer! Kein einziges Glas Erdnussbutter war mehr da. Das war schlecht. Das war eine Katastrophe! Ich brauche doch die Erdnussbutter. Ich flitze gleich raus aus dem Geschäft. Zum Glück war noch ein Discounter der gleichen Kette in der Nähe. Ich ging zuversichtlich hinein, doch dann war ich nahe an einem Nervenzusammenbruch. Auch hier war das Regal leer. Was also tun?

Ich entschied, dass eine nicht so gut schmeckende Erdnussbutter immer noch besser war, als gar keine Erdnussbutter, und lief in einen anderen Lebensmittel-Discounter. Doch auch hier gab es kein einziges Glas Erdnussbutter! Auch in der Drogerie nicht und im großen Supermarkt auch nicht. Was war da nur los?

Ich fragte einen Verkäufer.

»Das liegt an den gestörten Lieferketten«, sagte der. »Wir kriegen keine Ware mehr.«

»Warum sind denn die Lieferketten gestört?«

»Das hat unterschiedliche Gründe. Wegen Seuchen-Ausbrüchen sind immer wieder Städte und Häfen im Lockdown und Waren werden nicht weiterbefördert. Durch Kriege werden Handelsketten unterbrochen. Und dann ist Energie so teuer geworden, dass sich manche Produktionen nicht mehr lohnen.«

»Gibt es jetzt nie mehr Erdnussbutter?«, fragte ich. Das war doch nicht möglich!

»Doch, die kommt schon wieder. Es kann nur etwas dauern. Es ist nicht mehr so wie früher, dass immer alles in Riesenmengen da ist.«

Ich ging also unverrichteter Dinge zurück nach Hause. Wie sollte ich jetzt frühstücken?

Ich rief Opa an und fragte, was ich machen soll.

Opa wusste zum Glück eine Lösung. »Wir haben hier noch ein Glas Erdnussbutter stehen. Es ist nicht mehr ganz voll, aber es reicht noch ein paar Tage. Ich tue es gleich in ein Päckchen und schicke es dir zu. Dann ist es morgen bei dir.«

Heute Morgen sitze ich vor zwei nackten Scheiben Brot und weiß nicht, was ich machen soll. Das Päckchen von Opa ist natürlich noch nicht da. So schnell ist die Post nun auch wieder nicht. Ich könnte warten, bis die Post da ist und dann das Brot mit Erdnussbutter essen. Aber das ist nicht gut. Ich muss morgens etwas essen. Sonst läuft der Tag nicht gut an und ich habe nicht genug Energie.

Ich überlegte, ob ich etwas anderes drauf tun könnte. Aber das ging nicht. Margarine und Käse isst man nur abends aufs Brot. Und Wurst esse ich grundsätzlich nicht mehr, seit ich im Fernsehen gesehen habe, wie sie hergestellt wird. Ekelhaft. Also blieb mir nur übrig, das Brot ohne alles zu essen. Das ging auch. Früher hatte ich das immer so gemacht und alles »pur« gegessen.

Gegen Mittag kam das Päckchen von Opa. Das Glas Erdnussbutter war heil angekommen. Leider war es nur noch halbvoll. Ich rief Opa an.

»Und was mach ich, wenn es leer ist und es in den Geschäften immer noch keinen Nachschub gibt?«

»Darüber machen wir uns Gedanken, wenn es so weit ist«, sagte Opa.

Das gefiel mir nicht.

»Ich muss das jetzt wissen. Sonst kann ich nicht ruhig schlafen. Ich brauche einen Plan.«

»Dann finden wir eine Lösung. Ich schaue heute Nachmittag mal hier in der Gegend in den Supermärkten. Vielleicht finde ich noch ein Glas. Und dann kannst du auch wieder ruhig schlafen.«

Ich drückte die Daumen, dass Opa tatsächlich einen Supermarkt finden würde, in dem es noch Erdnussbutter gab. Das ganze Seminar über am Nachmittag musste ich daran denken. Auf den Unterricht konnte ich mich gar nicht konzentrieren.

Was ist an »Hamstern« schlecht?

Menschen hamstern Waren, vor allem Güter des täglichen Bedarfs wie Lebensmittel oder Hygieneartikel wie Toilettenpapier, wenn sie befürchten, diese zukünftig nicht mehr zuverlässig zu bekommen. So auch geschehen in Zeiten der Corona-Pandemie.

Das Problem ist, dass Hamstern, also das Einkaufen über den eigentlichen unmittelbaren Bedarf hinaus, das Problem verstärken kann. Einige Menschen kaufen dann den anderen das begehrte Gut weg. Dadurch kann eine Kettenreaktion in Bewegung gesetzt werden. Sehen Menschen leere Regale oder andere Menschen, die Vorräte anlegen, haben sie das Bedürfnis, sich ebenfalls zu Hause zu bevorraten. Manche fahren dann von Geschäft zu Geschäft, bis sie sich ebenfalls mit der Ware ausreichend versorgt fühlen. Dadurch wird die Ware noch knapper, oft steigen auch die Preise.

Einerseits ist das verständlich. Niemand möchte, dass zu Hause das Toilettenpapier, die Seife, das Mehl oder die Nudeln ausgehen. Andererseits ist es unfair, die Verknappung dadurch noch weiter anzuheizen. Auch gibt es Menschen, die nicht genug Geld oder Lagerplatz haben, um große Vorräte anzulegen. Andere müssen arbeiten und haben nicht die Zeit, rechtzeitig etliche Supermärkte abzuklappern. Sie stehen dann noch mehr vor leeren Regalen und müssen mit dem auskommen, was noch übrig ist.

Nicht zuletzt ist das Hamstern unnötig. Niemand wird in Deutschland verhungern, weil im Regal Hefe oder Sonnenblumenöl mal eine Zeitlang nicht erhältlich sind. Natürlich ist es für uns in der Wohlstandsgesellschaft ungewohnt und kann Angst machen, wenn Waren fehlen. Allerdings ist dies für Generationen vor uns ganz normal gewesen und in vielen anderen Ländern der Welt kennen es die Menschen nicht anders. Eine sinnvolle Reaktion ist es, flexibel auf andere Produkte umzusteigen. Wer auf etwas gar nicht verzichten mag, wie einen Lieblingsbrotaufstrich, hält dann nur davon ein Glas vorrätig.

Muss man immer schon im Vorhinein eine Lösung wissen?

Vielen Menschen macht es Angst, wenn sie an die Zukunft denken und an Dinge, die sie nicht beeinflussen können. Manche malen sich dann gleich aus, was alles Schlimmes passieren könnte und was sie machen werden, wenn die schlimmen Vorstellungen eintreten. Das kostet viel Energie, kann depressiv machen und lenkt vor allem vom eigentlichen Leben ab. Das eigentliche Leben findet immer im Hier und Jetzt statt. Wir verpassen es, wenn wir geistig ständig in einer Vorstellung von der Zukunft verweilen, die in den meisten Fällen niemals eintreten wird. Und selbst wenn etwas eintritt, vor dem wir Angst hatten, werden wir in der Regel eine gute Lösung finden und mit der Situation umgehen können. Meistens ist die Angst vor einer Situation auch viel schlimmer als sich die Situation selbst anfühlt, wenn sie tatsächlich eintritt. Wir dürfen uns vertrauen, dass es weitergehen wird, auch wenn das Befürchtete eintritt, und dass wir an Herausforderungen wachsen werden. Daher dürfen wir im Hier und Jetzt leben und die Gegenwart auskosten. Es ist es nicht wert, einzigartige Momente, Begegnungen mit anderen Menschen oder wichtige Inhalte in einem Seminar zu verpassen, nur weil wir gedanklich mit Sorgenmachen beschäftigt sind.

Hilfreiche Links im Internet: Vorratshaltung

Tipps zum Lagern von Lebensmitteln von der Verbraucherzentrale Bayern:
https://www.verbraucherzentrale-bayern.de/tipps-zur-haltbarkeit-und-lagerung-von-lebensmitteln-59515

Tipps, um Vorräte sinnvoll und dynamisch anzulegen von der Verbraucher Initiative e. V. (Bundesverband):
https://verbraucher.org/aktuelles/pressemeldungen/vorraete-sinnvoll-und-dynamisch-anlegen

Notfallvorrat für 10 Tage – Tipps vom Bundesamt für Bevölkerungsschutz und Katastrophenhilfe (BBK):
https://www.bbk.bund.de/DE/Warnung-Vorsorge/Vorsorge/Bevorraten/bevorraten_node.html

Tipps für einen Grundvorrat Lebensmittel von Quarks:
https://www.quarks.de/gesundheit/ernaehrung/darum-solltest-du-es-nicht-zum-hamsterkauf-kommen-lassen/

11   Lauter Pärchen! Coline gerät ins Grübeln

Liebes Tagebuch,

Christin und Björn aus meinem Semester sind seit neuestem zusammen. Zusammensein bedeutet, dass sie Händchen halten, im Hörsaal nebeneinander sitzen, zusammen in die Mensa gehen und sich ständig küssen. Eigentlich ist so etwas, also diese »Pärchen- Bildung«, ja nicht außergewöhnlich. Aber im Moment häuft es sich. Überall sind Pärchen, überall sind Menschen zusammen und »gehen« miteinander. Nur ich, Coline, ich gehe mit niemandem. Ich bin immer allein. Meistens macht mir das nichts aus. Gestern aber gingen Listen für unsere Party zum Abschluss der praktischen Übungen in Botanik herum. Jeder sollte eintragen, mit wie viel Personen er oder sie kommt. Ich trug drei Personen ein und schrieb hin: »Coline Meier, ihre Mama und ihr Opa«.

Ich habe die Liste weiter in die Reihe hinter mich gereicht. Plötzlich fingen dort mitten in der Vorlesungsstunde alle an zu lachen. Ich wusste gar nicht, was los ist. Die Leute lachten immer lauter und schließlich fragten welche aus anderen Reihen, was denn so lustig sei. Ich drehte mich um und sah, wie ein Zettel nach hinten gegeben wurde und jeder, der den Zettel las, ebenfalls lachte. Zum Glück griff der Professor ein, denn das laute Gekreische war für mich kaum auszuhalten.

»Was ist da los? Bitte sagen Sie es laut, damit wir alle Spaß haben oder lachen Sie alleine draußen weiter.«

Schweigen.

»Na, was ist nun?«, fragte der Professor. Stefan räusperte sich:

»Eine unserer Kommilitoninnen, wir wollen keinen Namen nennen, hat in die Teilnehmerliste zu unserer Abschlussparty geschrieben, dass sie mit ihrem Opa und ihrer Mami kommen will.«

Alle guckten mich an. Woher wussten sie, dass ich das geschrieben hatte? Und was war daran so komisch?

Das fragte ich am Nachmittag per E-Mail Frau Hilfreich. Frau Hilfreich schrieb wenig später zurück:

»Coline, es ist so, dass die meisten ihren Partner, also ihren Freund oder ihre Freundin, mit auf so eine Party nehmen. Eltern oder Großeltern nimmt man dahin eigentlich nicht mit. Auf solchen Partys wird viel getanzt, es werden Würstchen, Chips, Kuchen und anderes ungesundes Zeug gegessen und meistens wird sehr viel Alkohol getrunken. Meinst du, dass das Deiner Mama und Deinem Opa gefallen würde?«

Nein. Und genauso wenig würde es mir gefallen. Warum machte man etwas, dass so ätzend ist, dass es niemandem gefällt? Eins war jedenfalls klar: Auf diese Party mit all den Leuten mit ihren Partnern würde ich nicht gehen. Niemals!

Am Wochenende feierte Mama ihren Geburtstag. Sie hatte zum traditionellen Geburtstagsessen im Restaurant auch ihr Patenkind Eva eingeladen. Eva war ein Jahr jünger als ich und die Tochter von Mamas bester Freundin. Eva war okay. Als wir klein waren, haben wir oft zusammen gespielt. Eva hat mich dabei immer gewinnen und die Regeln vorgeben lassen. Ja, Eva war wirklich sehr okay.

Um auch schon an Mamas Geburtstag am Freitag bei ihr zu sein, setzte ich mich freitags gleich nach der letzten Vorlesungsstunde in die Bahn. Solche Umstellungen vom Uni-Leben zum Zuhause-Leben sind schwierig und anstrengend für mich. Ich muss aus meinem Studien-Rhythmus mit den festen Vorlesungszeiten raus und in den Wochenend-Rhythmus daheim rein und kaum habe ich mich an Opa und Mama wieder einigermaßen gewöhnt, ist auch schon Sonntagnachmittag und ich muss zurück in mein Zimmer bei Frau Stolze-Schubert fahren. Diese ganze Umstellerei tut nun wirklich nicht gut und daher mache ich es auch fast nie. Aber Mamas Geburtstag ist eine Ausnahme. Ich war schon immer, seit ich denken kann, an diesem Tag bei ihr und habe mit ihr zusammen gefeiert. Und ich hatte es ihr auch für dieses Jahr ganz fest versprochen, da es ihr 50. Geburtstag ist. Und was man verspricht, muss man auch halten. Das ist eine Regel.

Als ich es versprochen hatte, hatte ich allerdings nicht gewusst, dass Eva zum Geburtstagsessen nicht alleine kommen würde. Mama verheimlichte es mir auch bis zur letzten Minute. Wir saßen bereits gemütlich im Auto und ich fuhr die beiden zum Restaurant (ich muss immer selbst am Steuer sitzen im Auto, sonst wird mir schlecht), da sagte sie:

»Ach, Coline, du wirst übrigens gleich Evas neuen Freund kennen lernen. Er kommt mit zum Essen.«

Ich verriss vor Schreck das Lenkrad und fuhr fast in den Straßengraben.

Opa schnappte nach Luft und Mama kreischte: »Coline, pass doch auf!«

»Bist doch selbst schuld!«, rief ich, »Was musst du mich auch so fertig machen!«

»Fertig machen? Womit denn? Ich hab doch bloß erzählt, dass Eva ihren Freund mitbringt.«

»Ja, und das ist schlimm genug«, sagte ich und kämpfte gegen die Tränen an, die in meine Augen aufsteigen wollten.

»Was ist denn daran schlimm?«, wollte Mama noch so doof wissen. »Ben ist ein ganz lieber Kerl, du wirst ihn mögen. Er hofiert Eva richtig, tut alles für sie und ...«

»Das ist es ja«, schniefte ich und konnte nicht verhindern, dass zwei Tränen meine Wangen herunter rannen und die Wimperntusche, die ich extra für Mama aufgelegt hatte, mitnahmen.

»Coline, was soll das heißen? Und pass auf, wo du lang fährst«, rief Mama.

»Ich kann sehr wohl auf die Straße achten. Auto fahren kann ich nämlich alleine. Dafür brauche ich keinen Mann. Und auch sonst für nichts«, schrie ich.

Mama schnappte nach Luft. »Was ist denn bloß los, heute?«, fragte sie. »Ich habe Geburtstag.«

»Gestern hattest du Geburtstag. Heute ist Samstag!«, schrie ich.

»Trotzdem brauchst du mich nicht anzuschreien!«

Mama war heute ja so gemein! Zum Glück war Opa zumindest lieb. Er drehte sich zu ihr um, legte den Finger auf seine Lippen und sagte:

»Siehst du denn nicht, dass das für Coline schwierig ist? Eva bringt einen Freund mit und sie kommt alleine.«

Mama schwieg.

»Ich wusste ja nicht, dass dir das was ausmacht«, sagte sie dann nach einiger Zeit. »Ich dachte, du willst keinen Freund, dass du so etwas nicht brauchst.«

»Brauch ich auch nicht«, sagte ich trotzig. »Machen eh nur Dreck, solche Männer. Und stinken tun sie auch, jawohl. Nein danke, so etwas hole ICH mir nicht ins Haus.«

Wir waren angekommen und ich machte eine Vollbremsung vor dem Restaurant. Bevor noch jemand etwas sagen konnte, stieg ich aus. Draußen wehte ein kalter Wind um meine Nase und trocknete die restlichen Spuren meiner Tränen.

Innerlich fühlte ich mich total mies. Warum hatte ich das gerade nur alles gesagt? Warum machte es mich überhaupt so fertig, dass Eva einen Freund hatte? War es nicht ganz normal, dass Leute wie Eva einen Freund haben? Warum sollte denn ausgerechnet Eva keinen Freund haben?«

Ich kannte den Grund für meine Gefühle. Aber ich würde ihn niemals aussprechen, nein, nicht einmal denken wollte ich ihn und verscheuchte ihn ganz tief in die hinterste Ecke meines Kopfes.

Ohne ein weiteres Wort zu sagen, gingen wir ins Restaurant. Ich musste jetzt ganz stark sein. An unserem Tisch, dem Runden in der Mitte, den wir jedes Jahr zu Mamas Geburtstag reservieren ließen, saß bereits Eva mit ihrem Typen. Der Junge hatte kurze dunkle Haare, war groß und hatte behaarte Hände und ach, ich guckte weg, ich beschloss, ihn nicht zu mögen.

»Hallo Coline«, sagte Eva. »Das ist Ben. Mein Freund.« Dabei lächelte sie ihn auch noch an.

»Aha«, sagte ich.

Ich begrüßte Ben nicht, schaute ihn nicht mal an, das schaffte ich nicht. Als Mama mich anstieß, sagte ich dann doch in die Luft in seine ungefähre Richtung »Hallo«. Meine Stimme war dabei ganz heißer. Schnell setzte ich mich weit weg von Eva und Ben genau an die gegenüberliegende Seite des Tisches zwischen Mama und Opa und versteckte mich hinter der Speisekarte. Mama und Opa redeten mit Eva und diesem Ben.

»Ja, wir haben gut hergefunden«, sagte Eva. »Es ist doch dieselbe Strecke wie jedes Jahr. Und Ben ist ja ein so guter Autofahrer!«

Wahrscheinlich guckte sie ihn dabei so an, wie die Leute es in Kitschfilmen auch immer tun.

»Ben hat uns sogar schon bis an die Nordsee gefahren. Und das nur für einen Tagesausflug!«

»Ach, mit meinem Navigationsgerät ist das ein Kinderspiel«, sagte Ben.

»Stimmt«, sagte ich, ohne von hinter der Karte aufzusehen. »Damit kann das jeder Idiot!«

Schweigen am Tisch.

Dann kam der Kellner. Alle bestellten. Nur ich nicht.

»Ich bin noch nicht fertig«, sagte ich, obwohl ich genau wusste, dass ich Nudeln mit Tomatensauce nehmen würde wie jedes Jahr. Aber ich wusste auch, dass mir der Kellner die Karte wegnehmen würde, sobald ich mich entschieden hatte und das ging nicht. Wo sollte ich dann hingucken? Mir gegenüber saßen Eva und diese Ben-Person. Nach genau vier und einer halben Minute brachte der Kellner die Getränke und fragte wieder, was ich essen wolle.

»Weiß ich noch nicht«, sagte ich.

»Ach, Coline, nun mach es doch nicht so kompliziert. Die Nudeln wie immer, oder?«, fragte Mama.

»Ach, komm schon, Coline«, sagte Eva mit einer so doofen Stimme. »Das gehört doch dazu. Coline ohne Nudeln mit roter Sauce – das geht nicht!«

»Vielleicht gehört es dazu«, sagte ich. »Aber Ben gehört nicht dazu! Definitiv.«

»Coline«, zischte Mama. »Natürlich gehört Ben jetzt dazu. Und wir alle freuen uns, dass er dabei ist.«

»Ich nicht.«

Ich warf die Speisekarte auf den Tisch.

»Ich habe keinen Hunger.«

11 Lauter Pärchen! Coline gerät ins Grübeln

»Coline!«, schimpfte Mama. Aber sie konnte nichts machen. Ich hatte wirklich keinen Hunger mehr. Bei diesem Ben vergeht doch jedem der Appetit.

Opa tuschelte kurz mit dem Kellner, dann verschwand der zumindest endlich in die Küche.

Am Tisch sagte niemand etwas. Opa zupfte an der Tischdecke herum, Mama saß mit starrer Miene da und Eva lächelte von einem zum anderen. Was Ben machte, weiß ich nicht, wollte ich auch nicht wissen, dieser Typ war mir völlig egal. Und genauso egal war mir, dass er mit Eva zusammen war. Schließlich sagte Eva doch etwas:

»Liebe Tante Gitta, wir haben dir eine Kleinigkeit zu deinem Ehrentag mitgebracht.«

Sie zwinkerte Ben zu und die beiden standen auf, hoben die große Tüte auf, die zwischen ihnen auf dem Boden stand und zogen daraus einen großen Karton hervor. Auf dem Karton war ein Toaster abgebildet.

»Toaster? Hat Mama schon. Könnt ihr wieder mitnehmen«, sagte ich.

»Nun warte doch, Coline. Da ist kein Toaster drin«, erwiderte Eva und Ben sagte:

»Genau. Machen Sie doch auf, Frau Meier.«

Mama lächelte und nahm die Schere, die Eva ihr hinhielt. Sie stand auf, schnitt den Karton auf und zum Vorschein kam – Zeitungspapier.

»Schön, das können wir im Ofen verbrennen. Haben wir aber auch schon genug selbst von«, sagte ich.

Mama warf mir einen dieser Blicke zu, die sie mir immer zuwirft, wenn sie wütend ist. Dann lächelte sie, fragte »Darf ich?« und fasste in den Karton. Sie ließ ihre Finger durch das Zeitungspapier wandern und plötzlich grinste sie.

»Habe ich es mir doch gedacht«, sagte sie und zog ein kleines Geschenkpäckchen aus dem Karton. Dann wickelte sie es auf.

»Oh, wie schön! Eine Wachskerze. Und auch noch aus echtem Bienenwachs. Wie die duftet!«

In dem Päckchen waren noch mehr kleine Geschenkpakete. Nacheinander holte Mama noch einen giftig grünen Kartoffelschäler, einen Kerzenhalter, ein Räucherlämpchen, ein silbernes Feuerzeug und drei Eierbecher mit Beinen heraus.

»Toll!«, sagte Mama. »Vielen, vielen Dank. Da fühle ich mich ja gleich wie bei meiner Hochzeit. Damals haben wir auch so viele nützliche Dinge bekommen.«

»Ist das so?«, fauchte ich.

Mama sagte nichts dazu und hörte stattdessen Eva zu, als die erzählte:

»Ach, Hochzeiten. In unserem Freundeskreis heiraten gerade so viele. Da schenken wir auch immer nützliches. Es ist doch irgendwie viel persönlicher als Gutscheine oder Geld und man kann nicht so viel falsch machen wie mit einem Buch oder einem Kleidungs- oder Schmuckstück.«

»Mama heiratet nicht mehr«, informierte ich Eva. »Die hat nämlich Opa und mich und braucht kein lästiges Anhängsel.«

»Natürlich, das weiß ich doch, Coline«, sagte Eva und lächelte Ben zu.

11 Lauter Pärchen! Coline gerät ins Grübeln

»Und? Wie sieht es denn bei euch mit Heirat aus?«, fragte Opa und schmunzelte. Eva wurde rot.

»Wir sind doch erst seit vier Monaten zusammen«, sagte sie.

»Wir denken aber schon darüber nach«, sagte Ben, zwinkerte Eva zu und küsste sie auf die Wange. Eva kicherte.

»Geplant ist aber noch nichts. Erst mal ziehen wir zusammen. Wir sind gerade auf Wohnungssuche«, sagte Eva.

»Ihr findet bestimmt nichts«, informierte ich sie. »Anständige Vermieter vermieten nämlich nicht an so Leute wie euch. Die haben viel zu Angst, dass ihr ständig nur Sex und so was macht und am Ende die ganze Bude voller Kinder ist.«

Schweigen. War mir auch recht. Das süßliche Gerede war ja nicht auszuhalten. Der Kellner brachte jetzt das Essen, Fisch für Opa, wie immer, ein Schnitzel Wiener Art für Mama, auch wie immer, nur Eva tanzte aus der Reihe und hatte wie Ben Lammfilet bestellt. Richtig wäre der Gemüseauflauf gewesen.

»He! Ich habe nichts bestellt«, rief ich, als der Kellner einen Teller mit Nudeln und Tomatensauce vor mir abstellen wollte.

»Das ist schon richtig«, sagte Opa. »Ich habe die Nudeln für dich bestellt. Nur für den Fall, dass du Hunger bekommen solltest.«

»Bekomm ich nicht!«

Die anderen prosteten sich zu und begannen zu essen. Mir stieg der Geruch der Nudeln in die Nase. Mein Magen grummelte. Gehörte es denn nicht dazu, an Mamas Geburtstag Nudeln mit Tomatensauce zu essen? Vielleicht würde Mama nächstes Jahr etwas Schlimmes passieren, wenn ich diese Regel nicht einhielt? Aber andererseits – Ben gehörte nicht hierher, und wenn etwas passieren würde, dann wäre Ben daran schuld, nicht ich.

Der Geruch kitzelte in meiner Nase. Ich beschloss, doch einmal zu probieren. Eine Nudel fischte ich mit den Fingern heraus und ließ sie langsam im Mund zergehen. Dann schmeckte diese verdammte Nudel so sehr nach mehr, dass ich die Gabel nahm und Ladung für Ladung in meinem Mund verschwinden ließ.

»Schmeckt's?«, fragte Opa nach einer Weile.

»Nein«, sagte ich und ließ die Gabel sinken. Ich schob den Teller weg und sah zu, wie die anderen ihre Teller leer aßen. Ben tunkte sogar noch mit Brotstücken den letzten Rest Sauce auf. Ein Weichling. Ich war stärker als er. Ich konnte den Hunger ertragen und auf das gut riechende Essen verzichten.

Eine Nachspeise wollte niemand mehr bestellen. Das war jetzt eh egal, da ich die Regel, alles wie immer essen, eh schon gebrochen hatte. Und Eva auch, denn die hatte keine eigene Meinung mehr und einfach wie Ben Lammfilet bestellt.

»Bist du denn gar nicht mehr Vegetarierin?«, fragte ich sie.

»Ach, nein. Ben hat mich bekehrt. Warum verzichten, wo die Tiere doch eh sterben?«

Ich sah Eva an. War das wirklich noch dieselbe Eva, die früher lange Vorträge über den Tierschutz gehalten hatte und sich sogar mal vor einem Schlachtbetrieb festgebunden hatte, um gegen das Töten der Tiere zu protestieren? Es kam mir vor, als säße ich vor einer fremden Eva, einer, die ich noch nie gekannt hatte und auch nicht kennen lernen wollte. Ich sah zu Ben. Ben war schuld, jawohl. Er hatte Eva verdorben. Und jetzt küsste er sie auch noch. Igitt.

Als wir gehen wollten, half Ben Mama und Eva in die Jacke. Er griff auch nach meiner Jacke, aber die rettete ich gerade noch vor seinen Patschhänden. Wäre doch gelacht, wenn ich mir nicht alleine meine Jacke anziehen könnte!

Im Auto redete niemand mehr, Mama, Opa und ich schwiegen jeder vor sich hin. War mir auch recht. Es war schon dämmrig an diesem Wintertag und so starrte ich abwechselnd auf die grellen Straßenlichter und den sanften Sternenhimmel darüber und ließ die Gedanken schweifen.

Als wir zu Hause waren, ging ich gleich hoch in mein Zimmer. Hier saß ich jetzt, wusste nicht, was ich tun sollte, da meine ganzen Moos-Sachen in meinem Zimmer bei Frau Stolze-Schubert waren. Vielleicht etwas lesen? Ich ließ meinen Blick an den Bücherwänden entlang gleiten. Noch nicht mal auf »Moose für kleine und große Forscher« hatte ich Lust. Ich war zu nichts in der Stimmung.

Ich war traurig und wusste nicht, warum. Ständig musste ich an Christine und Björn, an Eva und Ben denken. Ich seufzte. Irgendwann klopfte es an die Tür. Es war Opa.

»Darf ich reinkommen?«, fragte er und ich öffnete ihm die Tür. Opa humpelte an seinen Stock geklammert herein. Seine Hand, die auf dem Knauf des Stocks ruhte, war faltig und von dicken Adern durchzogen.

Opa setzte sich auf mein Bett. Als er wieder zu Atem gekommen war, sagte er:
»Du bist traurig, weil du keinen Freund hast.« Es war eine Feststellung und keine Frage.

»Ich brauche keinen Freund. Ich komme sehr gut alleine zurecht.«

»Das weiß ich doch, mein großes Mädchen. Trotzdem kann man sich manchmal einsam fühlen, meinst du nicht?«

»Vielleicht.«

Ich schaute aus dem Fenster und suchte nach Sternschnuppen.

»Ist es normal, dass ich keinen Freund habe?«, fragte ich nach einer Weile.

»Völlig normal«, sagte Opa. »Manche haben erst mit 30 Jahren oder noch viel später ihren ersten Freund. Manche haben auch nie einen. Das ist ganz unterschiedlich. Jeder muss das in seinem eigenen Tempo machen. Und wenn es denn sein soll und man dazu bereit ist, dann wird eines Tages schon der richtige im richtigen Moment kommen.«

Opa blieb noch eine ganze Zeit in meinem Zimmer sitzen. Wir sagten nichts mehr. Es war ein angenehmes, behagliches Schweigen. Ich schaute weiterhin aus dem Fenster. Wegen der Tränen, die in meinen Augen schwammen, sah ich den Sternenhimmel nur noch als dunkle Masse vor mir. Trotzdem war mir plötzlich, als ich hätte etwas helles, ganz kurz Aufleuchtendes gesehen.

»Eine Sternschnuppe«, dachte ich. War es tatsächlich eine, oder war es, liebes Tagebuch, doch nur eine Reflektion der Straßenbeleuchtung in meinen Tränen?

Ich war traurig, als ich diese Nacht einschlief. Einerseits wollte ich keinen Freund, wollte ich niemanden, mit dem ich immer zusammen sein müsste, der mich anfassen und andere Dinge mit mir machen wollte. Andererseits war ich oft einsam. Ich hätte genau dann gerne jemanden, der mir in den Mantel hilft oder neben mir sitzt, wenn andere auch nur im Doppelpack auftreten, einfach jemanden, der da ist, der sich kümmert. Aber sich dafür einen Freund anschaffen? Ich glaube, die Antwort darauf ist für mich nein. Zumindest im Moment.

Endlich verliebt: Der Druck, einen Partner zu haben

In der Schule ist es ein heißes Thema: Wer geht mit wem? Wer hat wen das erste Mal geküsst? Besonders angesehen ist häufig der, der möglichst früh (möglichst viele) Erfahrungen in der Liebe gesammelt hat. Spätzünder, also junge Leute, die so früh noch kein Bedürfnis nach einem Partner haben oder schlichtweg den richtigen oder die richtige noch nicht getroffen haben, stehen bei entsprechenden Gesprächen außen vor. Es kann sogar vorkommen, dass sie seltsam beäugt oder gar gemieden werden, ganz so, als habe jeder, der noch keinen Freund/keine Freundin hatte, irgendetwas Widerliches oder Abschreckendes an sich. Manchmal werden junge Leute auch aus ihren Cliquen ausgeschlossen, allein aus dem Grund, weil sie Single sind.

Objektiv betrachtet, ist dieser Druck, der auf Jugendliche ausgewirkt wird, weder sinnvoll noch irgendwie gesund – mitunter kann er sogar gefährlich werden. Zu schnell lassen sich junge Menschen voreilig aufeinander ein und lassen sich dann zu Dingen drängen, die sich eigentlich noch gar nicht wollen. Sie tun es häufig allein aus der Angst heraus, sonst vom Partner als uninteressant oder spießig empfunden und verlassen zu werden.

Erfahrungen in der Liebe sollte aber jeder und jede dann machen dürfen, wenn er oder sie dazu bereit ist und nicht schon dann, wenn die Clique meint, es sei nun an der Zeit. Gerade in der Liebe ist es wichtig, dass jeder dem eigenen Tempo nachgeht. Zu frühe und dann auch noch schlechte Erfahrungen können sich negativ auf die ganze weitere Bindungsfähigkeit auswirken. Mehr Gelassenheit ist daher dringend von Nöten.

Menschen mit Autismus, die häufig erst verzögert bestimmte Entwicklungsstufen durchmachen und die dann auch noch Schwierigkeiten haben können, einen Partner zu finden (wenn sie es irgendwann doch mal wollen), können darunter besonders leiden. Sie, die ohnehin schon »anders« sind, stehen nun noch mehr am Rande der Gesellschaft. Überall dort, wo Pärchen Händchen haltend und sich küssend auftreten, müssen sie sich ausgeschlossen fühlen.

Niemand von ihnen sollte sich aber ernsthaft Sorgen machen. Irgendwann wird es sicherlich auch für sie einen Partner geben. Manches braucht eben ein bisschen mehr Zeit. Dafür kann die Beziehung dann umso fester und beständiger sein. Das Risiko, von einem falschen Auserwählten nur für eine »schnelle Nummer« benutzt zu werden, besteht freilich immer. Autistische Menschen sollten wie jeder andere auch aus eigenem Interesse nie zu schnell Vertrauen schenken. Wenn ein Mensch wirklich an einem anderen interessiert ist, dann wird er keinen Druck ausüben, sondern warten, bis der Partner selbst zu dem nächsten Schritt bereit ist.

Warum sich Menschen einen Partner suchen

Fast jeder Erwachsene lebt in einer Beziehung, hat gerade eine Beziehung beendet oder ist auf der Suche nach einer neuen Beziehung. Kaum einer oder eine hat noch keine Erfahrungen – seien es gute oder schlechte – in der Liebe gemacht.

Menschen haben ein angeborenes Bedürfnis, sich mit Menschen zu umgeben, von denen sie geliebt werden und die sie selbst lieben. In einer Partnerschaft kann man sich gegenseitig schützen, helfen und umsorgen. Das Wohlbefinden und nachweisbar auch die Gesundheit bessern sich in einer glücklichen Beziehung. Ein weiterer Grund, weshalb Menschen nach einem Partner suchen, ist der biologisch vorgegebene Instinkt, sich fortpflanzen zu wollen. Frauen wählen häufig instinktiv einen Partner, von dem sie genetisch möglichst verschieden sind. Das liegt daran, dass bei genetisch verschiedenen Eltern die Chance auf einen gesunden Nachwuchs größer ist.

Aber auch der häufig immense gesellschaftliche Druck, einen Partner zu haben, kann Auslöser für eine verzweifelte Suche und das Erzwingenwollen der Liebe sein. In der Jugend gilt man als »uncool« oder wird als »dumme, ewige Jungfer« beschimpft, wenn man noch Single ist, im späteren Alter tun sich Alleinstehende oft schwer, wenn sie mit verheirateten Bekannten zusammenkommen. Viele leiden ebenfalls, wenn sie ständig nach den Gründen ihres Alleinseins gefragt werden und niemand akzeptieren kann oder will, dass dies auch eine bewusste Entscheidung sein kann.

Dabei kann man sehr wohl auch ohne Beziehung glücklich sein. Nicht nur, wer schon eine bestimmte Anzahl Partnerschaften hinter sich hat, ist ein guter und interessanter Mensch. Im Gegenteil. Gerade jemand, der sich immer allein durchkämpfen musste, kann beeindrucken. Für die persönliche und berufliche Reifung und Entwicklung ist es sowieso eher von Vorteil, sich mit dem ersten Partner Zeit zu lassen. Durch eine zu frühe und zu enge Bindung kann man sich Chancen im Leben verbauen. Für den Partner eigene Ziele und Wünsche zurückstecken und auf eine eigene Karriere verzichten? Das hat schon bei vielen zu einem bösen Erwachen geführt. Merke: Auch in einer Beziehung sollte man sich eine gewisse Selbstständigkeit bewahren. Ein zu angepasster Partner ist auf Dauer nur langweilig, ein Partner mit eigenen Interessen und einer eigenen Meinung hingegen bereichernd und spannend.

Wie findet man einen passenden Partner?

Viele Menschen lernen ihren Partner am Arbeitsplatz, während der Schulzeit oder im Studium kennen. Auch Hobbys oder gesellschaftliche Ereignisse wie Partys oder Volksfeste können gute Gelegenheiten sein, jemanden kennen zu lernen. In der letzten Zeit finden immer mehr Menschen im Internet ihren Partner. Dies kann über Community-Portale wie Facebook oder professionelle Single-Börsen geschehen, oder einfach weil man im selben Forum schreibt oder sich in einem Chat kennen lernt.

Bei allen Kontakten, die übers Internet geknüpft werden, ist aber immer Vorsicht geboten! Es gibt keine Garantie, dass derjenige, der so toll und liebenswert erscheint, auch wirklich das ist, was er oder sie vorgibt. Böse Überraschungen reichen von falschen Fotos, Mogeleien bei persönlichen Angaben bis zu Einzelfällen, wo sich ein süßer Twen plötzlich als über fünfzigjähriges, voyeuristisches Gegenüber entpuppt, das vielleicht an vielem, nicht aber einer ernsthaften Beziehung interessiert ist. Wer also übers Internet sein Herz verschenken möchte, sollte es besonders langsam angehen lassen und ihm sei dringend geraten, das erste Treffen in der Öffentlichkeit und wenn möglich nicht alleine mit dem Fremden stattfinden zu lasen.

Checkliste: Möglichkeiten, einen Partner zu finden

- Persönliches oder berufliches Umfeld
- Hobbys und Freizeit
- Kontaktanzeigen in der Zeitung
- Online-Partnervermittlung
- Singlebörsen (auch im Internet)
- …

12   Colines Freundin Maja

Liebes Tagebuch,

ich gehe seit einiger Zeit in die örtliche Selbsthilfe-Gruppe für erwachsene Menschen mit Autismus. Habe ich dir schon mal von Maja erzählt? Maja ist auch in dieser Gruppe. Sie mag Pommes mit Soja- Sauce, Stricken und Konservendosen. Maja ist etwas Besonderes. Sie ist die einzige in der Gruppe, die neben dem Autismus noch eine andere Behinderung hat. Maja ist blind.

Maja trägt immer eine dunkle Sonnenbrille, auch wenn wir wie jetzt in der Weihnachtszeit im Gruppenraum das Licht ausmachen und nur Kerzen brennen lassen. Maja sagt, sie fühle sich ohne Brille unsicher, weil dann alle ihre Augen sehen könnten. Maja mag ihre Augen nicht. Sie sagt, ihre Augen seien tot.

Maja wohnt noch zu Hause bei ihren Eltern und das obwohl sie drei Jahre älter ist als ich. Wahrscheinlich wird sie dort auch immer wohnen bleiben müssen. Ohne fremde Hilfe kann Maja nicht leben, weil sie blind und autistisch ist. Majas Eltern finden das nicht gut. Maja erzählt oft, dass ihre Eltern enttäuscht von ihr seien.

Liebes Tagebuch, das klingt jetzt gemein, aber in gewisser Weise kann ich es verstehen, dass ihre Eltern genervt von Maja sind. Maja ist oft grantig und recht unansehnlich, hat kurz geschnittene, glatte Haare, die am Kopf kleben, ein Doppelkinn und auf der Nasenwurzel zusammengewachsene Augenbraun. Sie stinkt nach Regenwasser. Und sie kriegt nichts hin im Leben! Sie lebt einfach nur so in den Tag hinein. Sie sagt, sie könne nicht planen und würde oft abends ins Bett gehen ohne auch nur ein einziges der Vorhaben umgesetzt zu haben, die sie am Morgen gehabt habe. Noch nicht einmal Duschen bekommt sie hin.

»Was machst du denn den ganzen Tag?«, habe ich sie gefragt.

»Nichts«, sagte Maja. »Ich sitze rum und warte, dass ich mit etwas anfange.«

Maja ist auch sonst etwas merkwürdig. Sie gibt komische Geräusche von sich. Es hört sich an wie eine Mischung aus »öhh« und einem Prusten und sie stottert oft beim Reden und spricht sehr, sehr langsam.

Trotz allem mag ich Maja. Sie ist nett, ehrlich und ungeachtet aller Unterschiede teilen wir einige Gemeinsamkeiten. Da ist zum Beispiel die Sache mit der Butter. Maja ist der einzige Mensch, den ich bislang getroffen habe, der wie ich nur Butter aus einer goldenen Verpackung mag. Wir schmecken genau den Unterschied, wenn uns mal jemand Butter vorsetzt, die in einer silbernen oder blauen oder gar grünen Umhüllung eingewickelt war. Maja ist darin sogar noch besser als ich. Sie schmeckt bei allen verschiedenen Buttersorten einen Unter-

12 Colines Freundin Maja

schied und kann sie geschmacklich auseinander halten. Mit ein bisschen Übung und wenn ich Butter genauso gerne essen würde wie Maja, würde ich das wahrscheinlich auch hinbekommen.

Vor einigen Wochen war ich bei Maja zu Besuch. Da hat sie mir das mit der Butter gezeigt. Ihre Mutter stand daneben und fand das ganz toll. Plötzlich sagte sie:

»Coline, findest du nicht auch, dass Maja damit im Fernsehen auftreten muss?«

Maja fing sofort wie wild an zu stottern. Sie wollte wohl etwas sagen.

»Das findest du doch auch, oder?« fragte die Frau und sah mich an.

»Was ist denn daran besonders? Ich kann alle Ketschup-Arten am Geschmack und sogar am Geruch erkennen«, sagte ich.

»Ach was, Ketschup. Maja muss ins Fernsehen! Sie muss bei »Wetten wir was« damit auftreten.«

»Warum?«, fragte ich.

»Na, weil sie dort gewinnen wird. Und dann gibt es Geld für uns. Geld und Ruhm! Endlich kann Maja beweisen, dass sie keine Missgeburt ist.«

»Maja ist keine Missgeburt!«, schrie ich, denn das ging nun wirklich zu weit. »Und ins Fernsehen soll sie auch nicht! Sie ist doch kein Zirkustier, das man vorführen kann.«

Die Mutter schnaubte und ging aus dem Zimmer. Beim Abschied hat sie mich nicht zur Tür gebracht.

Einige Tage später hat Maja etwas ganz schlimmes erzählt. Alle in der Gruppe haben ihr schweigend zugehört.

»Ich muss weg von zu Hause. Sie wollen mich nicht mehr. Ich soll jetzt in einer Werkstatt arbeiten. Dort muss ich auch wohnen. Und alles nur, weil ich nicht bei diesem »Wetten wir was« auftreten will.«

Mehr sagte sie nicht. Aber wir verstanden auch so. Majas Eltern wollten sie in eine Behindertenwerkstatt abschieben. Dort sollte sie wohnen, essen und arbeiten. Es war scheußlich.

»Du gehörst da doch gar nicht hin!«, rief ich. »Du hast doch nur Asperger und kannst nichts sehen. Deswegen muss man doch nicht ins Heim ziehen. Du gehörst zu deiner Familie.«

Majas Eltern sahen das offenbar nicht so. Maja hatte mir mal erzählt, dass es kein einziges Foto gebe, auf dem sie zusammen mit ihren Eltern drauf sei. Immer nur die Geschwister von Maja, deren Freunde oder andere Verwandte. Nie Maja. Maja gehörte nicht dazu.

»Weil ich behindert bin«, sagte Maja. »Und das ist peinlich. Also bin ich peinlich.«

Beim nächsten Treffen war Maja nicht dabei. Auch nicht beim übernächsten. Dann erzählte Erwin, der Gruppenleiter:

»Maja ist umgezogen. Sie wohnt jetzt im Haus Sonnenschein und strickt dort Schals und Pullover. Sie ist glücklich.«

Ich war mir nicht so sicher, dass Maja jetzt wirklich glücklich sein sollte.

»Und was ist mit ihrer Sammlung Konservendosen?«, fragte ich.

»Die hat sie natürlich mitgenommen. Maja hat ein ganzes Zimmer für sich allein. Da ist genug Platz, so dass sie alle aufbauen konnte.«

»Woher weißt du das?«, fragte ich Erwin. »Du kannst das doch gar nicht wissen!«

»Ich habe sie besucht«, sagte Erwin.

»Kann man das? Darf ich sie auch besuchen?«

Erwin zögerte. Dann sagte er:

»Weißt du, Coline, als Maja hierhin gekommen ist, war es okay. Jetzt hat sie ein neues Leben angefangen. Ich weiß nicht, ob es jetzt passt, sie zu besuchen.«

Natürlich würde es passen!

»Wo ist diese Werkstatt?« fragte ich.

»Coline, ich weiß wirklich nicht...«

»Wo ist diese Werkstatt?«

Schließlich schrieb Erwin mir die Adresse auf einen Zettel. An meinem nächsten freien Nachmittag fuhr ich hin. Ich war aufgeregt, Maja wiederzusehen.

Dann der Schock. Maja strickte in einem rasenden Tempo an einem immer länger werdenden, orangefarbenen Schal. Sie war völlig vertieft in die Arbeit. Als ich sie ansprach, reagierte sie nicht. Erst als ich sie immer wieder rief und schon überlegte, ob ich sie antippen dürfte, sprang sie auf.

»Verschwinde, Coline! Du hast hier nichts verloren. Das ist meine Welt. Das geht dich nichts an.«

Beim Sprechen spritzte ihr die Spucke aus dem Mund und landete in meinem Gesicht. Die Werkstattleiterin stand plötzlich hinter mir und sagte:

»Tu was sie sagt. Verschwinde hier.«

»Und komm nie, nie wieder!«, rief Maja mir hinterher.

Liebes Tagebuch, jetzt sitze ich wieder im Bus. Wie komisch das war. Wie fremd mir Maja war. Wie hart sie war. Warum?

Ich hatte gedacht, wir seien Freunde. Jetzt hasst sie mich. Warum?

Wie kann Zuneigung so plötzlich in Hass umschlagen?

Entweder oder. Hund oder Katze. Fisch oder Fleisch. Freund oder Feind.

Liebes Tagebuch, ich glaube, viele Menschen mit Asperger sind absolut radikal. Für sie gibt es keine Grauzone. Nur gut und böse, schwarz und weiß.

Für Maja gehöre ich jetzt offensichtlich zu den Bösen. Ich würde gerne weinen, aber ich kann nicht. Angst und Unbehagen kriechen plötzlich in mir hoch. Bin auch ich so wie Maja? Behandle auch ich Menschen so scheußlich? Ich hoffe nicht.

Und doch weiß ich, dass auch in mir so eine Ader steckt. Zum Beispiel damals, als ich mit Sandra befreundet war. Ich mochte sie. Bis zu jenem Tag, als sie plötzlich mit Ina aus der Nebenklasse sprach. Ina habe ich gehasst. Sandra wusste das. Ich habe es Sandra nie verziehen, dass sie mich so hintergangen hat und habe ihr sofort die Freundschaft gekündigt.

War das übertrieben? War es genauso übertrieben, wie Maja mich gerade behandelt hat? Ich weiß es nicht. Ich will es nicht wissen.

Eins weiß ich aber sicher: Ich werde Maja niemals mehr besuchen.

Autisten – treue Freunde oder erbitterte Feinde?

Viele Autisten sind kaum zu Kompromissen fähig. Um sich in ihrem Alltag zurechtzufinden, brauchen sie klare Verhältnisse und klare Strukturen. Das betrifft häufig auch ihre Beziehungen zu anderen Menschen. Sie neigen dazu, ihre Mitmenschen in »gut« und »böse« einzuteilen. Es kann dabei völlig zufällig sein, auf wen ihre Vorliebe fällt und wem sie ihr Vertrauen und ihre Freundschaft schenken. Andere Autisten wählen ihre Freunde erst nach sorgfältigem Abwägen aus und brauchen lange, bis sie jemanden zu ihrem Freund erklären.

Oft tun Autisten für ihre Freunde oder für den, den sie für einen Freund halten, alles, was in ihren Möglichkeiten steht. Dabei gehen sie sogar über das normale hinaus, was in einer Freundschaft angebracht ist. Andere Dinge, die gerade in Freundschaften zu Nicht-Autisten wichtig sind, wie persönliche Treffen, spontane Unternehmungen und längere Telefonate können ihn jedoch immens schwer fallen. In einer wirklichen Freundschaft sollte das aber kein unüberwindbares Hindernis sein. Sehr wohl ein Problem können aber die hohen Ansprüche sein, die Autisten an ihre Freunde stellen. Sie fordern absolute Treue und Zuverlässigkeit, volles Vertrauen und uneingeschränkte Loyalität und Akzeptanz. Sie wollen sich immer zu 100 Prozent auf ihren Freund/ihre Freundin verlassen können. Kritik vonseiten von Freunden oder irgendwelche Forderungen lehnen sie jedoch häufig ab.

Sehr problematisch ist, dass die Gefühle der Zuneigung und Freundschaft zu einem Menschen bei einem Autisten ganz plötzlich in Hass umschlagen können. Oft gibt es dafür keine rational nachvollziehbaren Gründe. Ein Wort, das als unpassendes empfunden wurde, ein Verhalten, das der Autist als anstößig oder verletzend empfunden hat, oder eine andere scheinbare Lappalie können ausreichen und die Stimmung gegenüber dem einstigen Freund schlägt schlagartig ins Gegenteil um. Aus dem treuen Freund wird ein erbitterter Feind. Es gibt Autisten, die ihre ehemaligen Freunde mit bösen E-Mails bombardieren, sie bedrohen und sogar verfolgen. Manche haben das regelrechte Bedürfnis, den ehemaligen Freund emotional »vernichten« zu wollen. Einem ehemaligen Freund alles Gute fürs weitere Leben zu wünschen, dazu sind viele Autisten nicht fähig. Sie leben eher nach dem Motto: Wer nicht mit mir ist, ist gegen mich und wird bis aufs Äußerste bekämpft.

Autismus – was tun? Für und Wider Behindertenwerkstatt

Viele Eltern autistischer Kinder und Jugendlichen machen sich Sorgen, was aus ihren Sprösslingen werden soll, wenn diese einmal erwachsen sind. Oft gibt es nur wenig oder gar keine Perspektiven für ein selbstständiges Leben des Nachwuchses. Für Eltern ist der Gedanke extrem belastend, was wohl mit ihrem Kind werden wird, wenn sie einmal nicht mehr für es sorgen können.

Manche Eltern mögen in ihrer Verzweiflung Stätten des betreuten Wohnens und/oder Behindertenwerkstätten in Erwägung ziehen. Doch sind diese Stätten für jeden Autisten geeignet? Worauf muss geachtet werden?

Ganz wichtig und im Grunde selbstverständlich ist, dass die Entscheidung für eine Wohnstätte niemals fallen sollte, um das behinderte Kind »loszuwerden«, sondern sie sollte nur zum Besten des Kindes getroffen werden.

Behindertenwerkstätte sind Institutionen, in denen behinderte Menschen einfachen, für sie geeigneten Tätigkeiten nachgehen und dadurch ein Mindestmaß an wirtschaftlicher Leistung erbringen können. Grundsätzlich hat ein behinderter Mensch einen Anspruch darauf, in eine wohnortsnahe Behindertenwerkstatt aufgenommen zu werden. Bei Menschen mit Autismus kann das jedoch an der praktischen Umsetzung scheitern. Viele Werkstätten sind nicht optimal auf die Bedürfnisse autistischer Menschen vorbereitet. Autistische Menschen brauchen eine reizarme Umgebung, Rückzugsmöglichkeiten und ein verlässliches Einhalten klarer Regeln, um möglichst entspannt leben zu können. Lärm, viele Personen, unstrukturierte Abläufe oder Pausensituationen können sie überfordern. Zu überprüfen ist auch, ob die Betreuungspersonen genügend Wissen über Autismus haben und dem Autisten wohlwollend und ohne Vorurteile gegenübertreten können. Mangelnde Akzeptanz von Verhaltensweisen, die typisch sind für Menschen mit Autismus, sowie fehlende Kenntnisse über Autismus bei den Anleitungspersonen in der Werkstatt sind ein Argument gegen eine Werkstatt – besonders dann, wenn das Personal keinen Anlass sieht, seine Einstellung zu ändern und sich über Autismus fortzubilden.

Hilfreiche Links im Internet

Internetpräsenz der Bundesarbeitsgemeinschaft Werkstätten für behinderte Menschen:
www.bagwfbm.de

Internetportal der Werkstätten für behinderte Menschen (WfbM):
www.wfbm.info

Hilfe bei der Suche nach einer passenden Werkstatt bei Werkstätten im Netz:
www.werkstaetten-im-netz.de

Veröffentlichung der so genannten Werkstättenverordnung:
www.gesetze-im-internet.de/schwbwv

Links zur Landesarbeitsgemeinschaft der Werkstätten in Nordrhein-Westfalen e. V.:
https://nrw-werkstattraete.de/

autista-heilbronn: ein Kooperationsprojekt des autismus Stuttgart e. V. und des ASB Heilbronn e. V. zur Förderung von Ausbildung und Arbeit für Menschen mit Autismus:
www.autista-heilbronn.de

Tipps der Caritas für Menschen mit Behinderungen:
https://www.caritas.de/hilfeundberatung/ratgeber/behinderung/wohnenlebenarbeiten/wohnenlebenarbeiten.aspx

13 Coline und der Nebenjob: Erfahrungen beim Kellnern

Liebes Tagebuch,

es gibt ein Problem: Ich brauche Geld. Das, was Opa und Mama mir monatlich geben, reicht einfach nicht. Wer hätte auch gedacht, dass Studieren so teuer ist? Ständig brauche ich neue Bücher, neue Gläser, Chemikalien oder Präparate fürs Labor und das Essen wird auch immer teurer. Wenn ich in der Cafeteria im Institut ein Baguette mit Salat, Majonäse und Käse esse, wobei ich mir die Majonäse eh immer abmache, weil die eklig aussieht, bezahle ich dafür ganze vier Euro!

»Ich brauche mehr Geld«, habe ich Mama letztens gesagt.

»Dann musst du dir einen Job suchen, Coline«, sagte Mama.

»Einen Job? Du meinst, eine richtige Arbeit?«

»Einen kleinen Nebenjob. Etwas, was du gut nebenher machen kannst. Tut mir leid, Coline, das ist die einzige Möglichkeit. Wir können dir nicht mehr geben. Wir zahlen schon deine Miete, deine Versicherungen, eine ganze Menge Taschengeld für Lebensmittel und so, mehr ist einfach nicht drin.«

Also gut. Warum es nicht mal mit einem Job versuchen?

Ich tat also das, was alle Leute tun, die einen Job suchen, ich studierte die Anzeigen in der Zeitung. Dazu kaufte ich mir am Kiosk eine Tageszeitung und zwar am Wochenende, da dann die Zeitungen am dicksten und der Anzeigenteil am längsten ist. Das weiß ich noch von früher, als ich daheim gelebt habe und Opa und Mama eine Zeitung abonniert hatten.

Schon auf der ersten Seite wurde ich fündig: Im Kinokomplex suchten sie eine Aushilfskraft. Das hörte sich gut an. Im Kino riecht es immer so fein. Bestimmt würde ich dort Eintrittskarten oder Popcorn verkaufen können. Das wird ja wohl nicht allzu schwer sein. Liebes Tagebuch, das mache ich!

Ich schrieb eine E-Mail an die angegebene Adresse und bekam, obwohl es ein Samstag war, noch am selben Tag eine Antwort zurück:

»Liebe Frau Meier,
danke für Ihre Bewerbung. Kommen Sie bitte zum Probearbeiten am nächsten Montag um 19 Uhr zum Kinokomplex. Bitte ziehen Sie sich eine weiße Bluse und eine schwarze Hose an.«

Weiße Bluse? Schwarze Hose? Und vor allem: Warum so spät abends? Da bin ich doch müde, es kommen meine Sendungen, mein Plan gerät durcheinander …

und da wurde mir bewusst, dass wahrscheinlich bei jedem Nebenjob mein Plan mehr oder weniger durcheinander geraten würde. Plötzlich wollte ich gar keinen Job mehr. Das war mir jetzt doch zu viel, alles so umständlich. Andererseits: Ich schaute auf die Bücherliste, auf der so viele spannende Biolehrbücher standen, die ich noch alle unbedingt lesen musste. Natürlich könnte ich die Bücher auch wie alle anderen aus der Bibliothek ausleihen. Aber das wäre nicht das gleiche. In ausgeliehenen Büchern kann ich nichts markieren und auch keine Notizen machen. Und was viel wichtiger ist: Ich finde Bücher aus der Bibliothek entsetzlich eklig und mag sie kaum anfassen. Und wenn ich sie anfasse, muss ich mir sofort danach die Hände waschen. Man weiß ja nie, wer das Buch schon alles vor einem in der Hand hatte. Bestimmt auch furchtbar eklige Leute. Nein, das mag ich nicht. Also bleibt mir nichts anderes übrig, als die Bücher zu kaufen. Und dafür muss ich einen Job annehmen. Jawohl! Ich atmete tief durch und schrieb folgende Antwort auf die E-Mail:

»*Vielen Dank für die Einladung. Leider habe ich keine weiße Bluse. Darf ich auch ein weißes T-Shirt anziehen?*«

Ich durfte. Sofort schrieb ich Mama und Opa eine E-Mail und berichtete ihnen von dem Termin zum Probearbeiten. Dann nahm ich mir eines meiner dicken Biobücher, strich zärtlich darüber und flüsterte: »Liebes Büchlein, das mache ich alles nur für dich und deine Freunde. Dafür, dass noch viele mehr von euch hier sein können.«

Den restlichen Samstag konnte ich kaum genießen und auch der Sonntag war arg bescheiden. Ständig musste ich an Montag denken und daran, dass ich nicht »Lebe leichter« im Fernsehen sehen konnte, abends weder meinen Kuchen noch meinen Tee zu mir nehmen und auch nicht wie gewohnt meine Lern- und Lesezeiten einhalten konnte. Das alles nahm mich sehr mit und belastete mich. Ich versuchte, die Gedanken daran so gut es ging zu verdrängen. Leider war ich darin noch nie gut gewesen. Sogar in der Nacht träumte ich davon, dass alles im Chaos enden würde.

Am Montagmorgen mochte ich gar nicht aufstehen. Das geht mir immer so, wenn Änderungen anstehen, die ich nicht leiden kann. Aber es musste sein. Wie ein Roboter wusch ich mich, bereitete Frühstück zu und fuhr lustlos zur Universität. Dort wartete ich nur darauf, dass die Veranstaltungen zu Ende gingen. Dann hetzte ich schnell nach Hause, aß unterwegs ein Brötchen und schlug daheim gleich die Bücher auf. Lernen, lernen, lernen, trieb ich mich an. Um 18 Uhr zog ich mich um und ging um halb sieben los. Ich war eine ganze Viertel Stunde zu früh am Kinokomplex und sah mich erst einmal um. Ins Café *Rüschi* sollte ich kommen und mich bei einer »Rosi« melden. Ich holte tief Luft, ging zur Eingangstür, flüsterte leise »Let's get it over with« und trat ein. »Let's get it over with« wirkte wie immer. Das ist meine Zauberformel, um mich anzutreiben, wenn ich Unangenehmes hinter mich bringen muss. Und hinterher ist es meistens gar nicht so schlimm wie befürchtet. So ist es zumindest, wenn ich meine Zauberformel vor einem Zahnarztbesuch anwende.

Ich ging zur Theke und sprach die blonde Frau dahinter an.

»Hallo. Ich bin Coline Meier. Ich bin zum Probearbeiten gekommen und soll mich bei Frau Rosi melden.«

Die blonde Frau sah mich von oben bis unten an, kräuselte die Lippen und rief in einen angrenzenden Raum:

»Rosi. Die neue ist da.« Zu mir sagte sie: »Rosi kommt gleich.« Dann wendete sie sich dem Zapfhahn zu und zapfte für einen der Männer an der Bar ein Bier.

Eine schwarz gelockte Frau mit silbernen Strähnen im Haar erschien und reichte mir zur Begrüßung die Hand.

»Hi. Ich bin Rosi.«

Ich wusste, dass ich die entgegen gestreckte Hand drücken musste und sagte: »Hallo. Ich bin Coline Meier. Sie haben mich zum Probearbeiten eingeladen.«

»Du. Wir reden uns hier alle mit »du« an. Also komm mit, Coline, ich zeig dir alles.«

Die Frau Rosi führte mich in einen Raum hinter dem Lokal. Dort waren viele Schränke. Zielstrebig öffnete sie einen und holte ein weites, rotes ärmelloses T-Shirt raus mit der Aufschrift »Komm ins *Rüschi*, sei dabei und habe Spaß!«

»Zieh das über dein T-Shirt, damit man dich gleich als Kellnerin erkennt.«

»Kellnerin?«, wiederholte ich. »Ich dachte, ich darf Eintrittskarten fürs Kino verkaufen.«

»Wer hat dir denn das erzählt? Nein, es geht hier ums Kellnern. Willst du nun oder nicht?«

»Doch, doch«, murmelte ich und zog das T-Shirt über, obwohl alles in mir »nein, nein!« schrie. Ich mochte nicht kellnern, ich wollte hier weg, nach Hause auf mein Kuschelsofa. Und das fiese T-Shirt müffelte auch noch nach Zigarettenrauch. Es war ja so was von eklig!

Dann bekam ich eine Kassenschatulle, bei der ich als erstes das Geld zählen sollte. Ich konnte gut Geld zählen und war schnell fertig.

»Genau 100 Euro«, sagte ich.

»Korrekt«, sagte Rosi.

»Das ist einfach und macht Spaß. Darf ich noch eine Kasse zählen?«

»Warum denn das? Nein, jetzt geht es an die Arbeit. Hör zu, die Kasse muss am Ende des Abends stimmen, das heißt es müssen die 100 Euro plus alle Einnahmen drin sein. Dein Trinkgeld bekommst du später raus. Wenn du zu viel Wechselgeld zurückgibst, oder sonst irgendwie Geld fehlt, musst du das aus eigener Tasche ersetzen. Verstanden?«

Ich nickte.

Rosi führte mich zurück ins Lokal und zeigte mir, für welche Tische ich zuständig sein würde.

»Die fünf da hinten in der Ecke. Da ist gerade ein Pärchen reingekommen. Geh hin und frag was sie wollen.«

O weh. So etwas mag ich gar nicht. Fremde Menschen ansprechen. Sie dabei angucken. Ich bekam Panik.

»Nun mach schon. Gäste lässt man nicht warten«, sagte Rosi und verdrehte die Augen. Ich ging also zu dem Tisch. Die beiden unterhielten sich. Dabei darf man nicht unterbrechen. Das ist eine Regel. Ich wartete also darauf, dass sie aufhören würden zu sprechen. Nichts geschah. Da trat Rosi plötzlich hinter mich und raunte mir zu:

»Nun mach endlich!«

Ich musste also unhöflich werden, räusperte mich und sagte:

»Guten Abend. Ich bin Coline Meier. Was möchten Sie essen und trinken?«

Die beiden sahen auf.

»Abend auch. Zwei Bier bitte.«

»Bier«, wiederholte ich und lief zur Theke. Dort, so hatte Rosi gesagt, müsste ich Verena, der blonden Frau, die Getränkebestellungen durchgeben.

»Zwei Bier«, sagte ich.

»Bier? Was für Bier?«, fragte Verena.

»Weiß nicht. Bier eben.«

»Coline, es gibt hier 15 verschiedene Biersorten. Geh zurück und frag, was sie genau wollen.«

Sie wollten ein Pils vom Fass.

Verena zapfte es und ich stellte die Gläser auf den Tisch zu den beiden Leuten. Geschafft. Ich war ein bisschen stolz auf mich.

Da sah ich, dass sich eine Gruppe von Männern an einen anderen meiner Tische gesetzt hatte. Die Regel sah vor, dass ich hinging und fragte, was sie wollten. Ich mochte aber nicht. Ich spreche nicht gerne Männer an. Und schon gar nicht welche, die irgendwie, na irgendwie betrunken aussehen und sogar aus der Entfernung nach Bier und Rauch stinken und viel zu laut lachen.

Alles in mir sträubte sich dagegen, zu ihnen gehen. Aber dann dachte ich, dass es einfach sein musste. Ich stellte mir ein tolles Buch vor, das ich mir später von dem verdienten Geld kaufen würde. Für mein Buch würde ich das jetzt auf mich nehmen!

»Guten Abend. Möchten Sie Bier?«

»Bier? Wie kommst du denn darauf?«, fragt einer der Typen.

»Sie riechen danach.«

»Wie bitte?« Die Männer lachten und prusteten dabei. »Echt gut. Nee, Bier hatten wir genug. Bitte vier Cognac, ja Süße?«

»Ich heiße nicht Süße. Ich heiße Coline.«

»Coline. Auch gut. Ich bin der Tobias und das sind Klausi, Michael und der Sven.«

Ich überlegte, ob ich den widerlichen Typen jetzt zur Begrüßung die Hand geben musste. Nein. Egal, ob ich das sollte oder musste, ich wollte nicht. Ich nickte nur und lief schnell zu Verena, die mir vier Cognacs für die »Herren« zubereitete.

»Denk daran: Beim Servieren immer von rechts kommen und die Gläser so hinstellen, dass die Beschriftung vorne steht«, riet mir Verena. Ich versuchte das umzusetzen. Beim Bedienen kam meine Brust der Hand von einem der Männer, ich glaube, es war Sven, sehr nahe. Es war ein widerliches Gefühl, seine Hand auf meinem Busen zu spüren. Ich schwieg, obwohl ich am liebsten vor Ekel geschrieen hätte.

Das Paar mit dem Bier wollte jetzt bezahlen und am dritten Tisch saßen plötzlich auch Leute. Sie wollten Pizza zum Essen, dafür musste ich in die Küche laufen. Die vier Männer wollten noch einen Cognac, ich musste einen Tisch abräumen, Geschirr in die Küche bringen, neue Bestellungen aufnehmen, immer freundlich sein, Aschenbecher leeren und auswaschen und alles ganz, ganz fix und schnell machen. Es war entsetzlich anstrengend. Ich konnte nicht mehr. Wann war denn endlich, endlich Schluss? Ich fragte Verena:

»Wie lange muss ich noch arbeiten?«

»Nanu! Du hast doch gerade erst angefangen.«

»Gerade?« Ich schaute auf die Uhr. Ich hatte tatsächlich erst eine Stunde und vierzehn Minuten gearbeitet. Es kam mir vor wie zehn Stunden. Mindestens. Ich fragte Verena, wie lange ich denn noch durchhalten müsse.

»Na, bis Ende, wie wir anderen auch.«

»Und wann ist Ende?«

»Na, so gegen halb eins, eins.«

»Das geht nicht! Ich muss jeden Abend um zehn Uhr im Bett liegen. Und davor muss ich zu Hause noch Abendbrot essen und eine heiße Milch mit Honig trinken. Und überhaupt …, das ist doch einfach viel zu viel!«

Tränen schossen mir in die Augen. Da winkten die Cognac-Männer schon wieder nach mir. Ich wollte nicht mehr. Ich fand diese Männer so ekelhaft, ihre Sprüche widerten mich an und ich mochte keinen Alkohol mehr zu ihrem Tisch schleppen.

Verena gab Rosi ein Zeichen. Die flitzte herbei machte »Tzz, tzz« und sagte: »Coline, tut mir leid, du bist hierfür vollkommen ungeeignet. Zieh bitte das T-Shirt aus und geh nach Hause.«

Es war das schönste, was sie hätte sagen können. Nach Hause! Es klang herrlich in meinen Ohren. Ich warf das olle T-Shirt in eine Ecke und rannte raus in die kühle Abendluft. Endlich konnte ich wieder freie, gesunde Luft einatmen.

Liebes Tagebuch, ich habe mittlerweile einen neuen Job. Ich kellnere jetzt auch, aber es ist viel besser. Ich bringe nun jeden Sonntagnachmittag Eisbecher an die Tische vom Eiscafé zwei Straßen von meiner Wohnung entfernt. Es macht Spaß, das leckere Eis zu transportieren und das Beste ist: Ich darf mir jeden Sonntag nach der Arbeit eine große Eistüte mitnehmen. Dieser Job ist zwar auch anstrengend, aber längst nicht so eklig wie das, was ich im *Rüschi* durchmachen musste.

Damit das Kellnern gut klappt, habe ich letztens zusammen mit Frau Hilfreich einige Regeln aufgestellt:

Colines Regeln fürs Kellnern:

1. Dem Gast in die Augen sehen.
2. Essen und Getränke von rechts servieren.
3. Das Glas mit der Aufschrift zum Gast drehen.

4. Die Hände nicht in die Hosentaschen stecken und die Arme nicht vor der Brust verschränken. Immer lächeln!
5. Das wichtigste: Der Kunde hat immer Recht, auch wenn er Unrecht hat. Das ist zwar unlogisch, aber nur dann gibt es auch Trinkgeld.

Liebes Tagebuch, Kellnern ist vielleicht nicht der ideale Nebenjob, aber es bringt Geld für neue Bücher ein. Und das ist die Hauptsache.

Leben kostet – wenn ein Job her muss

Wenn autistische Kinder älter werden und mehr Ansprüche stellen, kann das die finanziellen Möglichkeiten der Eltern überstrapazieren. Besonders häufig tritt das ein, wenn junge Menschen mit Asperger-Autismus studieren wollen. Ein Studium ist immens teuer und nicht alle Eltern können es voll finanzieren. Manchmal bleibt nur die Möglichkeit, dass sich das Kind mit Autismus einen eigenen kleinen Job sucht. Das kann wegen der mangelnden sozialen und kommunikativen Fähigkeiten des Kindes eine große Herausforderung sein. Wichtig ist einen Job zu finden, der den Autisten nicht überfordert und wenn möglich, seinen Begabungen entgegen kommt. Ein kleines Computergenie, das Informatik studiert, kann zum Beispiel Internetpräsenzen für Firmen oder Privatpersonen programmieren. Das Sprachentalent kann als freier Übersetzer arbeiten und der Biologiestudent im Zoo jobben. Manchmal ist auch eine bezahlte Tätigkeit am Lehrstuhl möglich, was den Studierenden auch noch fachlich fordert und fördert. Eher weniger für Autisten sind Jobs geeignet, die Multitasking und hohe soziale Kompetenzen fordern. Beispiele sind typische Studentenjobs wie Kellnern, Animateur oder Babysitter. Eher geeignet – wenn auch schlecht bezahlt – sind einfache Tätigkeiten wie Regale im Supermarkt einräumen, zum Jahresende bei der Inventur helfen oder Zeitungen und Prospekte austragen. Wer gut erklären kann, kann mit Nachhilfeunterricht Geld verdienen.

Checkliste: Tipps für die Suche nach einem Nebenjob

- Anzeigen in der Tageszeitung lesen
- Aushänge am schwarzen Brett in der Universität, in großen Supermärkten, in Kirchengemeinden etc. ansehen
- Auf entsprechende Aushänge an Schaufenstern von kleinen Geschäften, Cafés oder Schnellrestaurants achten
- Eigeninitiative zeigen und bei Geschäften direkt nach Jobs fragen bzw. eigene Aushänge an schwarze Bretter hängen
- Internetseiten von örtlichen Geschäften und Einrichtungen angucken (unter »Service«, »Karriere« oder »Jobs« stehen häufig aktuelle Stellenausschreibungen)
- An der Universität die Kommilitonen nach Tipps fragen, wie und wo sie einen Nebenjob gefunden haben

14   Coline und die dünnen Tussis

Liebes Tagebuch,

an der Universität laufen viele Mädchen rum, die alle ähnlich aussehen: Sehr dünn, sehr stark geschminkt, sehr modisch gekleidet und sehr beliebt. Woher ich weiß, dass sie beliebt sind? Sie sind nie allein. Die Jungen schauen ihnen immer hinterher, pfeifen und machen Sprüche. Das bedeutet, dass sie die Mädchen hübsch finden, man sagt auch attraktiv oder sexy dazu.

Mir guckt nie ein Junge hinterher. Ich muss immer alleine zwischen den Universitätsgebäuden herumlaufen. Das will ich ändern. Ich beschloss also, mich auch modisch zu kleiden.

In einem Geschäft in der Stadt fand ich auch sofort die knatsche-engen Jeans, die die beliebten Mädels tragen.

»Welche Größe haben Sie?«, fragte die Verkäuferin in dem Geschäft.

Ich nannte ihr eine Zahl.

»Tut mir leid. In so großen Größen führen wir diese Hosen nicht.«

Das hatte mir noch nie jemand gesagt! Bislang war meine Kleidergröße normal und nicht »groß« gewesen.

»Was heißt das?«, fragte ich.

»Sie müssen abnehmen, um da rein zu passen.«

Ich ging verwirrt aus dem Geschäft. Liebes Tagebuch, ich hatte mir noch nie viel Gedanken um meine Figur gemacht. Ehrlich gesagt, wusste ich noch nicht mal genau, wie viel ich wiege. Ich besaß ja noch nicht mal eine Waage. Das musste ich ändern! Zum Glück gab es gerade in einem Haushaltswarengeschäft Waagen im Angebot. Anstelle einer neuen Jeans schleppte ich nun also eine Waage mit nach Hause.

Wie viel muss man eigentlich wiegen? Ich recherchierte zu Hause im Internet und fand etwas zum Body-Mass-Index (BMI). Diese Zahl erhält man, wenn man sein Gewicht in Kilogramm durch die Körpergröße in Zentimetern zum Quadrat teilt. Die Zahl sollte zwischen 19 und 25 liegen. Dann ist alles okay. Ein zu hoher BMI ist nicht gesund und ein zu niedriger auch nicht. Dann las ich noch, dass die meisten populären Schauspielerinnen und quasi alle Models einen zu niedrigen BMI haben. Muss man also vom Gewicht her krank sein, um beliebt zu sein?

Ich jedenfalls war nicht krank. Mit einem BMI von 22,4 war ich eigentlich ziemlich optimal. Aber die Frau im Geschäft hatte gesagt, dass ich abnehmen muss. Abnehmen, um in die richtige Hose zu passen. Abnehmen, um beliebt zu werden. Vielleicht würde ich auch glücklicher werden, wenn ich abnehme? War das der Schlüssel zu allem, die Lösung für all meine Probleme? Ich stellte mich noch einmal auf die Waage. Die Zahl blieb die gleiche. Damit war es beschlossen: Eine Menge Kilos mussten weg. Wie schafft man das? Wieder half mir das Internet: Viel Obst und Gemüse und – ihh – Sport waren der Weg zur Traumfigur. So stand es dort geschrieben.

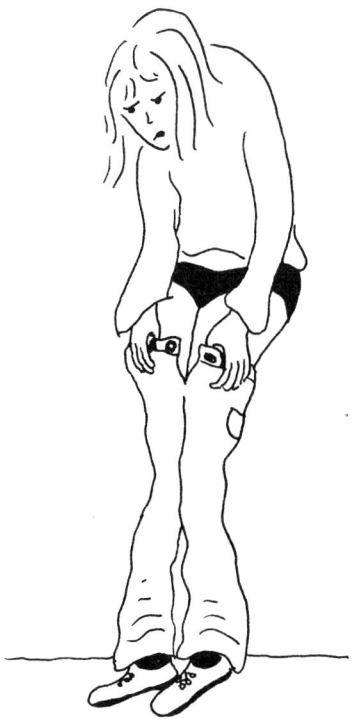

Sport, ausgerechnet, ich habe Sport nie gemocht. Aber durch Sport verbraucht man viele Kalorien. Kalorien sind eine Maßeinheit und geben den Energiegehalt von Lebensmitteln an. Nimmt man mehr Energie auf als man verbraucht, nimmt man zu. Eigentlich logisch. Bei verschiedenen Tätigkeiten verbraucht der Körper unterschiedlich viel Energie. Wenn man zum Beispiel nur liegt, verbraucht der Körper wenig Energie. Dann hat er lange von einem Stück Kotelett. Bewegt man sich hingegen, dann ist dieselbe Energie viel schneller abgebaut.

Sport. Musste das also wirklich sein? Ich klickte die giftige Internetseite weg. Dann sah ich auf meinen Bauch. Es war mir ja nie aufgefallen, aber wie ich hier so saß, da zeigten sich schon einige Röllchen. Fettröllchen nennt man das gemäß den einschlägigen Seiten im Internet. So etwas muss weg.

Warum sagte man mir das erst heute? Und wie kriegt man Bauchröllchen weg?

Liebes Tagebuch, da musste ich erst mal drüber schlafen.

Am nächsten Tag kaufte ich mir einige Fitness-Magazine am Kiosk. Darin stand genau beschrieben, was bei Bauchröllchen zu tun ist: Auf den Boden legen, Beine anwinkeln und den Oberkörper hochheben. Das macht den Bauch glatt. Und für den Rest hatte ich ein Jogging-Programm. Es fing sanft an: Erst eine Minuten laufen, dann zwei Minuten gehen, wieder eine Minute laufen und das ganze 20 Minuten lang. Woche für Woche wird das Pensum länger, wobei die Joggingzeiten zunehmen und die Gehphasen abnehmen.

Ich begann mein Trainingsprogramm noch am selben Tag. Kekse und andere Süßigkeiten waren von nun an von meinem Ernährungsplan verbannt. Verboten. Es war hart, aber ich hatte schon härteres durchgestanden. Außerdem lockte das Ziel, endlich glücklich zu sein.

Ich lernte Kalorientabellen auswendig. So wusste ich genau, wie viel ich an einem Tag von etwas essen durfte, um mein Kalorienkonto nicht zu überschreiten. Jeden Morgen wog ich mich. Die Zahl auf der Waage sagte mir, ob es ein guter oder schlechter Tag werden würde: Hatte ich zugenommen, war ich am Tag zuvor nicht fleißig genug gewesen. Das bedeutete, es würde ein schlechter Tag werden, was anderes hatte ich auch nicht verdient. Weniger auf der Waage hingegen war ein Erfolg. Es begann mich glücklich zu machen wie kaum etwas anderes, wenn die Zahl auf der Waage kleiner wurde.

Ich bleib eisern beim Training dabei. Es gehörte ganz einfach zu meinem neuen Tagesprogramm. Da ich eh schon immer fest nach einem Tagesplan gelebt habe, war es keine so große Sache, morgens eine Stunde früher aufzustehen und vor dem Geigespielen Sport zu treiben. Es kostete nur die ersten Tage Überwindung, sich an den neuen Plan zu gewöhnen. Aber schon bald war der neue Rhythmus vollkommen in mich übergegangen.

Was mich am meisten freute, war, dass die Zahl auf der Waage fast täglich immer kleiner wurde. Und dank meines Bauchtrainings schwanden auch die Röllchen an meiner Taille. Nach acht Wochen fühlte ich mich bereit, noch einmal in das Kleidungsgeschäft zu gehen. Ich bat die Verkäuferin wieder um die angesagte Hose. Diesmal sah sie an mir runter und meinte:

»Das könnte gerade noch gehen.«

Sie brachte mir eine der Hosen, ich hielt sie mir an den Bauch und beschloss, dass sie schon passen würde.

»Wollen Sie die Hose nicht anprobieren? Ich bin nicht ganz sicher, ob Sie Ihnen nicht vielleicht doch zu eng ist«, sagte die Verkäuferin.

»Ich bin eh noch am Abnehmen. Das passt schon.«

Zu Hause probierte ich die neue Hose an. Sie passte – aber noch musste ich die Lust anhalten und den Bauch einziehen, um den Knopf zu schließen. Ich tröstete mich damit, dass das nur noch eine Frage der Zeit war.

Am nächsten Wochenende kam mich Mama besuchen.

»Coline, was ist denn mit dir passiert?«, fragte sie.

»Wie? Was soll passiert sein?«

»Du bist so dünn geworden. Geht es dir nicht gut?«

»Doch, mir geht es sogar sehr gut! Ich nehme fleißig immer weiter ab.«

»Du nimmst ab? Warum denn das? Du hattest doch immer so ein nettes Figürchen.«

Was wusste Mama denn schon von »Figürchen«? Ich schüttelte den Kopf.

»Ich war zu dick. In die angesagten Hosen habe ich nicht reingepasst. Und jetzt auch nur mit Bauch einziehen. Aber ich kriege das hin. Ich habe schon 10,36 Kilogramm abgenommen.«

»Coline, das gefällt mir nicht. Es reicht. Hör bitte auf zu hungern.«

»Ich hungere doch nicht! Ich esse nur gesund. Keine Süßigkeiten mehr. Kein Fett mehr. Nur noch Obst, Gemüse und Joghurt. Manchmal etwas Brot.«

»Ich verstehe das nicht«, murmelte Mama. »Warum machst du das? Du warst doch noch nie eitel.«

»Na, ich muss doch in meine neue, angesagte Hose passen!«

Ich zeigte Mama die teure Hose. Mama hielt sie stirnrunzelnd hoch.

»Die ist doch aus der Kinderabteilung!«

»Quatsch! Die ist aus einem DEM Kleidungsladen der Stadt. An der Uni haben alle Mädchen, die in und beliebt und angesagt sind, so eine Hose. Also brauche ich auch so eine.«

»Seit wann machst du denn das, was alle machen?«

Langsam wurde mir das Gespräch mit Mama zu blöd. Wollte Mama etwa nicht, dass ich schlank und beliebt werde?

Mama seufzte. Dann packte sie ihr Gepäck aus. Sie hatte Kuchen mitgebracht. Sahnetorte. Ich sah die Stücke entsetzt an. Das waren so viele Kalorien, dass ich danach nichts mehr essen könnte und das für mindestens zwei Tage. Das ging aber nicht, da das meine ganzen Tagespläne, zu denen ja auch Mahlzeiten gehörten, zerstören würde.

»Für mich keinen Kuchen«, sagte ich.

Mama fing an zu weinen. Hilflos sah ich sie an. Was war denn jetzt los?

»Coline, was ist nur? Das ist dein Lieblingskuchen. Warum magst du den nicht mehr?«

»Schmeckt eh nicht«, log ich. Ich war die Diskussionen leid.

»Ist es, weil du in diese Hose reinpassen willst?«, fragte Mama. Ich schwieg. Mama wischte sich die Tränen ab.

»Ist dir schon mal die Idee gekommen, dass nicht du, Coline, falsch bist, sondern die Hosen? Hosen sind dafür da, damit man sich darin wohl fühlt und gewärmt wird. Nicht dafür, dass sie einem den Lieblingskuchen verderben.«

»Die Hosen sind nicht falsch! Die haben ja alle an – alle, die richtig sind. Punkt!«

»Coline, die Hosen hat irgendein verrückter Designer hergestellt, der damit Einfluss ausüben will über junge Frauen. Der über ihre Figur und ihr Leben bestimmen will! Seit wann lässt du jemanden über dich bestimmen?«

»Mach ich doch gar nicht!«

»Doch! Genau das machst du. Du hungerst und verzichtest auf deine Lieblingsspeisen, nur um in eine verrückte Hose reinzupassen.«

»Geh doch wieder nach Hause, wenn du hier nur rumjammern musst«, schrie ich, weil mir nichts anderes mehr einfiel.

Mama fing erneut an zu weinen. Schweigend und weinend saß sie am Tisch, während ich mich meiner Moossammlung zuwendete. Später gingen wir noch etwas spazieren. Danach fuhr Mama wieder heim zu Opa. Übers Essen haben wir nicht mehr geredet.

Liebes Tagebuch, was Mama gesagt hat, schwirrt immer noch in meinem Kopf herum. Irgendwie stimmt es und Mama hat Recht. Indem ich abgenommen habe, mir meine Coline-Figur weggehungert und wegtrainiert habe, habe ich andere über mich bestimmen lassen. Andere, die meinen, dass Frauen in zu kleine Hosen passen müssen. Andere, die meinen, dass jemand eine bestimmte Hose tragen muss, damit sie ihn mögen. Warum habe ich dabei mitgemacht? Von dem vielen Grünzeug bekomme ich eh nur Blähungen und schmecken tut es auch nicht.

Und da ist noch was: Obwohl ich viel mehr Sport mache als früher, fühle ich mich weniger stark. Ich glaube, das liegt daran, weil ich zu wenig Energie habe. Ab jetzt esse ich also wieder, wie viel und was ich will. Dann werde ich wieder zu Kräften und zu mir selbst, zu meiner Coline-Figur kommen.

Liebes Tagebuch, ich hoffe, dass ich das noch kann, »richtig essen«. Hunger habe ich nämlich seit einer Weile gar keinen mehr. Kann man das Hungergefühl verlieren? Das wäre eine schreckliche Vorstellung.

Autismus und Essen – eine Hassliebe

Viele Autisten sind überaus wählerische Esser. Von einigen Kindern ist bekannt, dass sie kaum eine Handvoll Lebensmittel mögen und alle anderen ablehnen. Auch als Erwachsene können Menschen mit Autismus, was das Essen anbelangt, sehr schwierig sein. Nicht selten haben sie genaue Speisepläne und essen kaum etwas, was nicht zu ihren wenigen bevorzugten Nahrungsmitteln gehört. Einmal zum Mittagessen etwas anderes essen als Nudeln mit der Lieblingssauce? Das ist eine Herausforderung. Manche Autisten achten auch extrem auf das Äußere der Lebensmittel und wollen nur Rotes oder Grünes essen. Es kommt zudem vor, dass Autisten für jeden Wochentag ein spezielles Essensprogramm haben. Auch daraus einmal auszuscheren, ist eine große Sache für sie. Wie kompliziert das Thema Essen bei Autisten ist, wird nicht zuletzt im Film »Rain Man« gezeigt: Mittwochs müssen es eben genau acht Fischstäbchen, grüne Götterspeise und Orangensaft sein. Der Autist Raymond Babbitt kennt hier keine Kompromisse.

Neben der Angst vor Veränderungen und dem Wohlempfinden, dass die Aussicht auf ein Essen mit sich bringt, das in jedem Fall schmeckt, spielen auch noch andere Faktoren bei den Essensvorlieben und -abneigungen eine Rolle. So können viele autistische Menschen bestimmte Oberflächenstrukturen von Lebensmitteln im Mund nicht ertragen, ebenso geht es ihnen mit speziellen Gerüchen und Geschmäckern. Häufig kommt es auch vor, dass sich Essen auf dem Teller nicht berühren darf, da manche Autisten jeden Geschmack für sich wahrnehmen wollen und sie etwa eine mit Sauce angereicherte Portion Kartoffeln geschmacklich überfordern würde.

Diese Essensgewohnheiten mögen zwar absonderlich erscheinen, sind aber an sich noch nicht krankhaft. Von einem krankhaften Essverhalten spricht man dann, wenn es psychische Gründe gibt, die ein bestimmtes Essverhalten vorgeben. Autisten, die aus Frust alles in sich hineinstopfen, kommen ebenso vor wie jene Essensverweigerer, die absichtlich ihr Gewicht viel zu niedrig und den Essensplan sehr karg halten. Diese pathologischen Fälle bedürfen unbedingt der ärztlichen Hilfe! Je früher man interveniert und mit den Betroffenen zusammen gegen das schlechte Essverhalten vorgeht, desto höher ist die Chance, sie aus der sich immer schneller drehenden Spirale der Essstörung zu befreien.

Das ABC der Essstörungen

Essstörungen treten in verschiedenen Erscheinungsformen auf. Am bekanntesten sind die Magersucht (Anorexia nervosa), die Bulimie (Bulimia nervosa) und die Binge-Eating-Disorder (BED), bei der die Betroffenen Essanfälle erleiden, ohne anschließend rückgängig machende Methoden wie ein Erbrechen anzuwenden.

Essstörungen werden heute häufig weniger als Krankheit, sondern mehr als Symptom schwerer psychischer Krisen betrachtet. Eine Essstörung kann ein stummer Hilfeschrei und Ausdruck für verdrängte Gefühle und Bedürfnisse sein. Sie ist oft ein Lösungsversuch Betroffener für tief liegende seelische Probleme. Ein gestörtes Essverhalten ist eine Flucht aus einem Leben, von dem sich Betroffene überfordert fühlen. Essstörungen können aber auch ein Versuch der Anpassung an gesellschaftliche Ideale sein oder eine Rebellion bzw. Verweigerungshaltung gegenüber einer als zu einengend empfundenen Familie. Ein sehr niedriges Selbstwertgefühl und die Sehnsucht geliebt zu werden, können weiterhin ursächlich zugrunde liegen.

Das alles verdeutlicht, warum gerade Menschen mit Autismus, die unter erschwerten Bedingungen aufwachsen und gerade im so wichtigen sozialen Bereich eher weniger punkten können, für Essstörungen besonders empfänglich sein können. Eine besonders empfindliche Zeit ist vor allem die Jugendzeit. Hier müssen sich auch Menschen mit Autismus selbst definieren und (er-)finden. Häufig versuchen sie in dieser Zeit mehr oder weniger verzweifelt und erfolglos, bei Gleichaltrigen Anschluss zu finden. Viele dieser Versuche sind von vorneherein zum Scheitern verurteilt. Dem autistischen Menschen fehlen sehr oft einfach die sozialen und kommunikativen Möglichkeiten, Kontakte herzustellen und Beziehungen aufzubauen bzw. zu erhalten. Das ständige Ausgeschlossen sein und Zurückgestoßen werden wirkt sich negativ auf das Selbstwertgefühl der Betroffenen aus. Bei einigen mag dann der Gedanke aufkommen, dass sie ein bestimmtes äußeres Erscheinungsbild beliebter machen könnte. Modezeitungen, Fernsehfilme, Videoclips und andere Medien unterstützen diese Gedanken, in dem sie zeigen, wie jemand aussieht, der Erfolg hat und glücklich ist: Bei Mädchen super schlank, bei Jungen athletisch und muskulös. Die Formel schlank = glücklich kann sich bei empfänglichen Personen fest im Gehirn einnisten und zur Obsession werden. Kalorienzählen, rigide Trainingseinheiten Tag für Tag, verbotene Lebensmittel vom Ernährungsplan streichen und ständig nachrechnen, ob das Konto für heute nicht schon überschritten ist – das alles geht nur, wenn sich jeder Gedanke ums Essen oder Nicht-Essen dreht. Das eingeengte Interesse und der absolute Fokus allein aufs Essen/Nichtessen bei Essgestörten hat daher eine enorme Ähnlichkeit mit dem Spezialinteresse bei Autisten. In der Tat ist es kaum noch zu unterscheiden, ob die exzessive Beschäftigung mit dem eigenen Körpergewicht Teil einer Essstörung oder Spielart eines außergewöhnlichen autistischen Spezialinteresses ist.

Essstörungen können zum besten Freund werden. Das Gefühl, ständig über die eigenen Gelüste zu siegen und die körperlichen Bedürfnisse zu ignorieren, kann ein falsches Gefühl von Stärke erzeugen. Für Patienten ist jedes Gramm weniger ein Erfolgserlebnis, jedes Gramm mehr kann zu Depressionen führen. Hungern bzw. Essen bei der Esssucht verschafft Befriedigung und gute Gefühle. Betroffene genießen die scheinbare Selbstbestimmtheit, dass sie zumindest ihren eigenen Körper – wie sie meinen – vollkommen unter Kontrolle haben. Gerade Magersüchtige sind stolz auf ihre Disziplin. Doch längst hat das Essverhalten an diesem Punkt eine Eigendynamik entwickelt. Nicht mehr der Betroffene ist es, der kontrolliert, sondern die Essstörung kontrolliert ihn. Essen, Nicht-Essen, Sport-Treiben, Kalorienzählen und Wiegen – das alles erfüllt den gesamten Tagesablauf und die ganze Gedankenwelt der Patienten. Für alles außerhalb wie soziale Kontakte, Hobbys und sehr oft auch die berufliche Ausbildung bleibt keine Zeit und keine Kraft mehr übrig. Kennzeichnend ist, dass meist auch kaum noch Interesse für andere Menschen da ist. Essgestörte haben wie Autisten häufig gar keine Lust auf soziale Kontakte, sie isolieren sich und wollen mit ihrer Essstörung allein sein. Oft ist es so, dass dies aus Scham wegen der Krankheit geschieht, häufig aber auch, weil sonst der Essens- bzw. Trainingsplan nicht eingehalten werden kann. Wie bei Autisten kann auch bei Essgestörten das Nicht-Einhalten des Plans zu großen Krisen führen.

Ob bei einem jungen Erwachsenen ein Asperger-Autismus vorliegt oder eine Essstörung, kann in vielen Fällen nur ein kundiger Facharzt feststellen. Nach der Diagnose richtet sich der Therapieplan. Wichtig: Essgestörte müssen behandelt werden, Asperger-Autisten oft nicht.

Was tun, wenn das Essen die Kontrolle übernimmt?

Hilfe können Betroffene und ihre Angehörigen bei Suchtberatungsstellen in ihrer Nähe finden. Auch der Hausarzt ist ein wertvoller erster Ansprechpartner. Später können Selbsthilfe- gruppen die Heilungschancen erhöhen und für mehr Stabilität sorgen.

Hilfreiche Links im Internet

Informationen für Betroffene, Angehörige, Fachleute und allgemein Interessierte bei der Bundeszentrale für gesundheitliche Aufklärung:
www.bzga-essstoerungen.de

Antworten auf Fragen rund um das Thema Ernährung gibt es bei der Deutschen Gesellschaft für Ernährung e. V.:
www.dge.de

Informationen rund um Ernährung und Verbraucherschutz:
https://www.verbraucherzentrale.de/wissen/lebensmittel/gesund-ernaehren

15   Benny und die FC – Facilitated Communication

Liebes Tagebuch,

es ist schon gut, dass meine Universitätsstadt so groß ist. Es gibt hier vieles, das es in meinem keinen Heimatstädtchen nicht gibt. Zum Beispiel die Autisten-Sonntagsgruppe.

Das ist eine Gruppe für autistische Kinder, die vom örtlichen Autismus-Therapie-Zentrum (ATZ) organisiert wird. Und weißt du was, liebes Tagebuch? Seit kurzem bin ich dort Betreuerin!

Ich kümmere mich um die Kinder, mache mit ihnen Ausflüge und vermittle zwischen ihnen und den anderen Betreuern. Ich bin die einzige Autistin unter den Betreuern und alle sagen, dass ich einen besonderen »Draht« zu den Kindern habe. Mit »Draht« meinen sie nicht, dass ich die Kinder an der Leine führen würde oder so, nein, damit ist gemeint, dass ich die Kinder besser verstehen kann als die meisten anderen Betreuer. Das macht mich sehr stolz.

Ich mag die Kinder. Sie sind nicht so schwierig, nicht so undurchschaubar wie die Kommilitonen an der Uni. Sie sind einfach natürlich, geradeheraus und unverstellt und unverdorben.

Am liebsten mag ich Benny. Benny ist elf Jahre alt und kann nicht sprechen. Er kann aber sehr gut über FC kommunizieren. FC ist die Abkürzung für »Facilitated Communication«, auf Deutsch »Gestützte Kommunikation«. Damit ist gemeint, dass Benny Hilfe beim Kommunizieren braucht. Er kann sich nur schriftlich ausdrücken und muss dabei gestützt werden. Das bedeutet, dass jemand seinen Arm berühren oder drücken muss, um ihm Starthilfe zu geben. Wenn Benny aber erst einmal schreibt, dann sagt er wunderschöne Dinge. Zum Beispiel kann er ganz tolle Gedichte schreiben. Willst du ein Beispiel hören?

»Die Welt –
mal dunkel, mal hell,
mal warm, mal kalt,
mal freundlich, mal feindlich, und darum so gut.«

Leider kann Benny nicht erklären, was er mit seinen Gedichten meint. Ich mag sie trotzdem. Sie sind von Benny und für mich ist es jedes Mal ein Wunder, wie dieser stumme Junge so seinen Ausdruck finden kann.

Benny kann auch mit Hilfe eines aufgemalten Alphabets kommunizieren. Wenn man seinen Arm stützt, dann tippt er auf die einzelnen Buchstaben und aus diesen Buchstaben kann man dann die Worte bilden. Ein anderer Junge aus der Autisten-Gruppe, Gregor, lacht darüber. Er glaubt nicht, dass Benny wirklich das sagen will, was er antippt.

»Das funktioniert nur, weil ihr mit Bennys Arm auf die Buchstaben zeigt. Alleine ist der doch viel zu doof für so was!«

Liebes Tagebuch, das ist gemein von Gregor. Sarah, eine der Betreuerinnen, hat ihm daraufhin drei B-Punkte gestrichen. B-Punkte sind Belohnungs-Punkte. Wenn ein Kind am Ende des Monats zehn B-Punkte zusammen hat, bekommt es eine Belohnung. Belohnung bedeutet, dass es am nächsten gemeinsamen Ausflug teilnehmen darf. Obwohl Autisten oft nicht gerne etwas zusammen mit anderen machen, sind diese Ausflüge sehr beliebt.

Ich glaube, mir hätte so etwas früher auch gefallen. Unter den anderen Autisten kann man einfach sein, wie man *wirklich* ist. Man kann Stunden lang über sein Spezialthema reden, ohne dass es jemanden stört. Man kann anziehen, was man will, man kann essen, was und wie man will, man kann auch mal schaukeln oder Fingerwedeln machen, wenn einem danach ist. Niemand lacht, niemand kritisiert. Endlich mal kein Verstellen und Schauspielern.

Diese Freiheiten gelten natürlich nur für die Kinder. Für mich als Betreuerin nicht immer. Ich muss auch ein Vorbild sein. Und das ist ganz schön anstrengend. Oft komme ich mir wie eine Dolmetscherin zwischen zwei Welten vor, zwischen der von den nicht-autistischen Betreuern und der von den autistischen Kindern.

Nach dem Treffen am letzten Sonntag fragte mich die Mutter von Benny, ob ich am nächsten Donnerstag zu ihnen nach Hause kommen könnte.

»Der Benny mag dich und ich habe einen wichtigen Termin. Wenn du auf ihn aufpasst, bekommst du ein kleines Taschengeld dafür.«

Ich überlegte. Eigentlich ist Donnerstag der Tag, an dem ich nachmittags nach der Uni zum Markt gehe und neues Gemüse kaufe. Andererseits – ich muss jetzt Vorbild sein. Und dazu gehört, auch mal etwas zu tun, was nicht auf dem Plan steht. Ich schluckte und sagte zu.

Den ganzen Mittwoch und auch den Donnerstagvormittag war ich schlecht gelaunt. Ich wusste genau, warum. So geht es mir immer, wenn ich nicht alles so wie gewohnt machen kann und mich auf Fremdes, Neues, auf Planänderungen einlassen muss. Am Mittwochabend rief auch noch Mama an. Ausgerechnet. Angerufen werden allein ist schon schlimm und bei schlechter Laune noch schlimmer. Mama stellte am Ende des Telefonats eine jener Fragen, die ich überhaupt nicht leiden kann:

»Ist alles in Ordnung bei dir?«

»Was sollte denn nicht in Ordnung sein?«, blaffte ich sie an und legte auf.

»Dumme Kuh«, dachte ich hinterher und haute vor Wut ein paar Mal kräftig gegen mein Kopfkissen.

Dann, endlich war der Donnerstagmorgen da. Ich aß kaum etwas zum Frühstück, da heute ein blöder Tag sein würde und ich ohnehin keinen Hunger

15 Benny und die FC – Facilitated Communication

hatte. Nach der Uni kaufte ich mir eine Brezel beim Bäcker und fuhr dann mit dem Fahrrad zu Bennys Familie.

Bennys Mutter öffnete mir die Tür.

»Schön, dass du da bist, Coline«, sagte sie.

Ich war mir nicht sicher, ob ich das schön finden sollte, verschwieg der Frau aber meine Zweifel. Ich musste ihr in ein Wohnzimmer folgen, das wie aus einem Katalog aussah. Kein einziges Stäublein, keine einzige Spur von Leben war zu sehen.

»Darf man sich hier irgendwo hinsetzen?«, fragte ich.

»Natürlich. Auf das Sofa zum Beispiel.«

Ich setzte mich und wartete, dass etwas passieren würde. Die Frau setzte sich in einen Sessel, schlug die Beine in Glitzerstrumpfhosen übereinander, faltete die Hände in ihrem Schoß und sah mich unentwegt an.

»Wo ist denn Benny?«, fragte ich in der Hoffnung, dass sie aufhören würde, mich anzustarren.

»Er ist oben in seinem Zimmer.«

»Und was macht er oben?«

»Keine Ahnung. Er will immer da oben sein. Hier unten ist es ihm zu langweilig.«

Das konnte ich verstehen. Hier sah es so aus, als dürfe man noch nicht mal atmen.

»Und du studierst also, ja?«, fragte die Frau. Ich nickte.

»Und was?«

»Molekularbiologie.«

»Nett. Und was macht man damit?«

Was war denn das für eine blöde Frage? Hatte diese Frau denn gar keine Ahnung?

»Na, forschen!«, rief ich.

»Und das gefällt dir? Mmh, na ja, *irgendwas* studieren ist immer noch besser als nichts. Benny wird auch studieren.«

»Wirklich?«

Ich wunderte mich. Benny konnte doch noch nicht mal alleine schreiben.

»Natürlich wird er das! Er wird Germanistik studieren und dann Schriftsteller werden.«

Das konnte ich mir wiederum vorstellen.

»Ich mag Bennys Gedichte«, sagte ich.

Die Frau verzog das Gesicht zu etwas, das man wohl ein Lächeln nennt.

»Darf ich hoch gehen zu Benny?«, fragte ich schließlich. Die Frau sprang auf.

»Natürlich. Deswegen bist du doch hier, nicht wahr?«

Bei Benny im Zimmer sah es nicht viel anders aus als unten, nur mit dem Unterschied, dass es hier noch karger war. Außer einem Bett, einem Schrank, einem Regal mit ein paar Büchern und einem Tisch mit gleich zwei Laptops war der Raum so gut wie leer. Benny saß auf seinem Bett, hatte Kopfhörer auf und die Augen geschlossen.

»Er meditiert«, erklärte seine Mutter.

»Hat Benny denn kein Hobby? Keine Spielsachen von früher, oder so?«, fragte ich angesichts des fast leeren Zimmers.

Mein Zimmer zu Hause war vollgestopft mit meinen Forschungsgegenständen und Erinnerungen aus der Kindheit wie Stofftieren, Legobaukästen und Büchern über Büchern, Bücher, von denen ich mich nie trennen könnte.

»Nein. Benny mag nicht so viel Plunder um sich haben.«

Dann kam Leben in die Frau. Sie riss Benny die Kopfhörer vom Kopf, schrie »Aufstehen und an den Tisch setzen. Los!« und Benny gehorchte.

»So, Coline. Ich geh dann mal meine Besorgungen erledigen. Magst du solange mit ihm schreiben? Es gibt Hausaufgaben zu erledigen. Einen Aufsatz in Deutsch und einen Lückentext in Englisch.« Die Frau deutete auf einen der Laptops, auf dessen Bildschirm Bennys Hausaufgaben standen. Dann schwirrte sie mit einem »Tschüssi, ihr beiden« aus dem Zimmer.

Ich sagte Benny, dass er sich an den Tisch vor den Computer setzen sollte und setzte mich daneben. Ich beschloss, dass wir mit Englisch beginnen würden. Ich öffnete den englischen Lückentext und führte Bennys Hand, damit er die Aufgaben lösen konnte.

Die Aufgaben waren sehr einfach. Ich wusste genau, was herauskam und freute mich, dass Bennys Finger immer auf die richtigen Buchstaben zeigte. Dann kam der Aufsatz dran. Das Thema war »Leben in der Großstadt«. Hier hatte ich überhaupt keine Idee, was man schreiben könnte. Deutsch war noch nie meine Leidenschaft gewesen. Aber das war ja zum Glück Bennys Stärke. Ich war gespannt, was er Tolles zu dem Thema schreiben würde.

Leider passierte nichts. Bennys Hand glitt zwar über die Tastatur, aber es kam nur Buchstabensalat dabei heraus.

»Nein, Benny, so wird das nichts! Du musst dich mehr konzentrieren.«

Benny grunzte. Doch auch beim zweiten und dritten Versuch klappte es nicht. Die Zeit rannte davon. In einer halben Stunde würde die Mutter zurück sein. Wir mussten uns beeilen.

»Benny«, sagte ich. »Was hältst du davon, über ein Moospflänzchen zu schreiben, dass in einem alten, vergessenen Gemäuer zwischen zwei Hochhausblöcken wächst? Das Moospflänzchen hat einige Freunde, zum Beispiel die fleißigen Ameisen, einige Sperlinge und die Sonnenstrahlen, die manchmal auf einen kurzen Besuch vorbeikommen und es sanft streicheln. Das Moospflänzchen ist schon alt und hat viel erlebt. Es kennt den Lauf der Jahreszeiten. Und einmal war es …« Und schon war ich mitten in der Geschichte. Benny sah in meine Richtung und unsere Hände flogen über die Tastatur. Nach nur 20 Minuten waren wir fertig. Ich las den Text durch und war ganz verblüfft, dass Benny wirklich genau das geschrieben hatte, was ich mir vorgestellt hatte.

In der verbliebenen Zeit schaute ich mir an, was Benny sonst noch so in der Schule machte.

»Darf ich einige andere Ordner auf deinem Computer anschauen?«, fragte ich Benny.

15 Benny und die FC – Facilitated Communication

Ich nahm eine Tafel, auf der links »Nein« und rechts »Ja« stand und führte seinen Finger. Er zeigte auf »Ja« und erlaubte mir damit, mich auf seinem Computer-Desktop umzusehen. Ich fand ein Dokument, das »Kindheitserinnerungen« hieß. Das interessierte mich. Ich fragte Benny, ob ich es öffnen dürfe und Benny zeigte mit meiner Hilfe wieder auf »Ja«. Ich öffnete das Dokument. Anstelle von langen Geschichten von früher standen dort nur einzelne Sätze.

»Ich mag kein Spielzeug.«

Das war Benny, als er sechs Jahre alt war.

»Ich mag nicht mit in den Urlaub fahren. Ich will in ein Heim gehen, so lange Mama und Papa in der Karibik sind.«

Benny, als er sieben Jahre alt war.

»Ich mag nicht runterkommen, wenn Besuch da ist.« Benny, vor drei Jahren, als er acht Jahre alt war.

»Ich mag nicht mehr im Wohnzimmer sein. Ich will nur noch in meinem Zimmer sein.«

Das hatte Benny vor zwei Jahren geschrieben.

»Außer für die Schule und das ATZ will ich mein Zimmer nicht mehr verlassen.«

Benny vor einem Jahr.

»Ich will endlich in ein Heim. Für immer!!« Benny vor drei Tagen.

»Was machst du denn da?«, schrie plötzlich die Frau. Ich war so sehr ins Lesen vertieft gewesen, dass ich sie gar nicht kommen gehört hatte.

»Benny hat mir erlaubt, etwas zu lesen«, verteidigte ich mich.

»Quatsch!«, sagte die Frau. »Das kann er gar nicht.«

»Natürlich. Er hat auf »Ja« gezeigt!«

»Das glaube ich dir nicht! Du schnüffelst hier rum, Coline. Das mag ich gar nicht. Geh jetzt, bitte.«

Ich stand auf und schritt ohne die Frau noch mal anzugucken aus dem Zimmer. Dabei achtete ich darauf, den Kopf so hoch wie möglich zu tragen. Das zeigte, dass ich mich nicht besiegt fühlte.

Als ich mit dem Fahrrad zurückfuhr, war ich ganz verwirrt. Konnte man wirklich den ganzen Tag nur in seinem Zimmer sein wollen, nie in die Natur rausgehen und Moospflänzchen ansehen wollen? Und kann man wirklich, wirklich in ein Heim wollen? Freiwillig? Und dann auch noch für IMMER?

Liebes Tagebuch, der ganze Besuch bei Benny verwirrt mich. Ich muss immerzu an die Geschichte über das Moospflänzchen denken, die Benny genauso geschrieben hat, wie ich es mir gedacht habe. Ob Benny vielleicht oft das schreibt, was ein anderer denkt? Vielleicht auch, was ein anderer *will*? Oder schreibt er nur das, was er selbst denkt und fühlt? Wie kann man das herausfinden? Wahrscheinlich gar nicht. Ach, wenn Benny doch nur sprechen könnte!

Colines Interview zur Facilitated Communication

Coline hat erst gar nicht gewusst, was Facilitated Communication, kurz FC, ist. Um sich zu informieren, interviewte sie die FC-Lehrerin Frau Leise zu dem Thema. Das Interview veröffentlichte das ATZ in seinem Newsletter.

Coline: Was ist FC? Hat das was mit einem Fußball Club zu tun?
Frau Leise: (lacht) Nein. »FC« steht für »Facilitated Communication«. Der deutsche Begriff lautet »gestützte Kommunikation«. Die Idee dahinter ist, dass sich stumme Menschen vielleicht ausdrücken können, indem sie auf Bilder, Wörter, Buchstaben oder Zahlen zeigen. Sie können das aber nicht alleine, sondern brauchen eine körperliche oder emotionale Stütze.
Zurück geht die Methode übrigens auf eine Frau namens Rosemary Crossley. Sie hat diese Kommunikationsart entwickelt und ausgearbeitet.
Coline: Wie ist die Frau Crossley auf die Idee dazu gekommen?
Frau Leise: Crossley arbeitete in einem Heim für schwerbehinderte Kinder. Sie wollte den Kindern ermöglichen, sich irgendwie auszudrücken. Erste Erfolge erzielte sie mit einem Mädchen, das spastisch gelähmt war. Wenn Crossley seinen Arm stützte, konnte das Mädchen plötzlich seine Bewegungen kontrollieren und sogar auf Dinge zeigen.
Coline: Wow! Und wie funktioniert das genau?
Frau Leise: Ganz wichtig ist, dass man niemals die Hand *führen*, sondern immer nur *stützen* darf. Der Helfer berührt also nur den Unterarm des Autisten. Beim Schreiben muss jeder Impuls vom Autisten ausgehen.
Coline: Und wie will man das kontrollieren?
Frau Leise: Das kann man leider kaum. Viele Leute sagen daher, dass die FC gar nicht funktioniert. Sie glauben, dass nicht der Autist, sondern sein Helfer in den Texten spricht. Es gibt sogar Studien, die das beweisen wollen.
Coline: Glauben Sie denn, dass die FC funktioniert?
Frau Leise: Auf jeden Fall! Durch die FC kann man ganz Wunderbares erleben. Menschen, die jeder für geistig behindert gehalten hat, beginnen plötzlich zu schreiben! Manche können Texte auf höchstem Niveau schreiben und sich schriftlich mit anderen Menschen austauschen und sogar richtig mit ihnen diskutieren.
Coline: Was braucht man, um die FC durchzuführen?

Frau Leise: Am Anfang reichen einfache Gegenstände oder Fotos zum drauf zeigen. Später kann man Buchstaben oder Alphabet-Tafeln nehmen. Die haben den Vorteil, dass man sie überall hin mitnehmen kann. Für schnelle Antworten sind Tafeln mit »Ja« und »Nein« sinnvoll. Später und wenn ein Autist viel zu sagen hat, ist ein Computer unverzichtbar. Hier kann man Texte speichern und ausdrucken. Buchstaben lassen sich außerdem wieder löschen und Fehler so korrigieren.

Coline: Frau Leise, vielen Dank für das Gespräch.

Checkliste: Facts rund um die FC

Die Facilitated Communication oder Gestützte Kommunikation gehört zu den sogenannten alternativen und ergänzenden Kommunikationsmethoden AAC (»Alternative and Augmentative Communication«). Dabei geht es darum, die Kommunikationsmöglichkeiten von Menschen, die sich nicht artikulieren können, durch Ergänzungen bzw. Alternativen zur Lautsprache zu verbessern. Gebärden, Sprachcomputer oder Kommunikationstafeln sind mögliche Mittel dazu. Ein wesentlicher Unterschied der FC zu anderen AAC-Methoden ist, dass die FC nie ohne fremde Hilfe ausgeführt werden kann.

Hilfreiche Links im Internet

Informationen rund um die gestützte Kommunikation auf der privaten Schweizer Internetseite »Zentrum für gestützte Kommunikation«:
www.fc-zentrum.ch

Stellungnahme zur »Resolution zur Gestützten Kommunikation« (Facilitated Communication/FC) des Bundesverbands »Hilfe für das autistische Kind«:
www.fc-netz.de/pdf/stellungnahme-bundesverband.pdf

Informationen beim Beratungsstellen-Netzwerk für unterstütze Kommunikation (AAC):
www.spiekermann.onlinehome.de/Netzwerk.htm

Internetpräsenz der Gesellschaft für Unterstützte Kommunikation e. V. (deutschsprachige Sektion von ISAAC = International Society for Augmentative and Alternative Communication, ISAAC):
www.isaac-online.de/cms

16 Auf Wiederhören! Was hilft bei einer Telefon-Phobie?

Liebes Tagebuch,

heute klingelte das Telefon. Gleich um 17 Uhr, als ich von der Universität nach Hause kam. Mir rann augenblicklich der Schweiß den Rücken runter. Was tun? Am liebsten wäre ich weggelaufen, wieder raus aus dem Zimmer und auf die Straße. Aber das ging nicht. Das macht man so nicht. Ich konzentrierte mich aufs Atmen, nahm dann den Hörer in die Hand und flüsterte hinein:

»Hallo?«

Ich hasse Telefonieren.

»Ja, hallo! Coline, bist du's? Hier ist Suse.«

Suse? Ich überlegte hektisch, wer denn diese Suse sein könnte. Kannte ich sie? Kannte sie mich? War das alles ein Versehen? Panik!

»Hallo? Coline, bist du noch dran?«

»Ja.«

»Hör mal, ich wollte fragen, ob du die Vermehrung über Sporen bei Pilzen verstanden hast? Hat doch der Professor heute erklärt.«

»Ach, das ist einfach. Das ist so ähnlich wie bei Moosen. Aber dann auch wieder ganz anders.«

»So? Äh, wusste ich gar nicht. Kannst du mir das kurz erklären?«

»Ja ...«, ich zögerte. Ich wusste immer noch nicht, wer diese Suse ist.

»Woher hast du meine Telefonnummer?«, fragte ich.

Das war eine gute Frage, lobte ich mich. Schließlich liegen Telefonnummern nicht einfach so auf der Straße rum.

»Die hast du doch auf die Liste geschrieben, die am Anfang des Semesters rumgegangen ist. Was ist nun mit den Pilzen?«

Stimmt, so eine Liste gab es mal. Also gehörte Suse zu meinem Semester. Jetzt musste ich nur noch herausfinden, welches Gesicht zum Namen Suse gehörte. Aber erst mal auf Suses Frage antworten.

»Erklär ich dir. Aber nicht am Telefon!«

»Okay, okay. Wie wäre es mit Morgen vor der ersten Vorlesungsstunde am großen Hörsaal?«

Ich nickte. Dann fiel mir ein, dass Suse das ja nicht sehen konnte und sagte laut »Ja« und wiederholte:

»Also vor der ersten Vorlesungsstunde. Äh, wie viel vor der ersten Vorlesungsstunde?«

»Sagen wir eine halbe Stunde.«

»Eine halbe Stunde vor der ersten Vorlesungsstunde am großen Hörsaal«, murmelte ich.

»Tschau«, sagte Suse und legte auf.

Ich war schweißüberströmt. Meine Hand war so nassgeschwitzt, dass mir beinahe der Telefonhörer hinuntergerutscht wäre, und mein Herz pochte wie wild. Ich musste mich erst mal setzen. Nein, setzen war auch nicht gut und ich lief ein paar Mal im Zimmer auf und ab.

Suse. Jetzt wusste ich auch, dass das das blonde Mädchen mit den vielen kleinen Locken sein musste, das im Hörsaal für die Botanik-Vorlesungen saß. Vorher hatten wir uns schon ein paar Mal am Getränkeautomaten unterhalten, wo ich mir jeden Tag einen warmen Kakao ziehe. Nie hätte ich gedacht, dass Suse hier anrufen würde. Es war ein Schock.

Mit einem Mal wurde mir bewusst, dass das jederzeit wieder passieren könnte. Das ganze Semester hatte wegen dieser blöden Telefonnummernliste meine Telefonnummer. Merke also: Nie mehr die Telefonnummer in irgendwelche Listen eintragen!

Damals aber hatte ich gedacht, dass man sich dort eintragen *muss* und es sonst Ärger geben würde.

Nun sah es also so aus, dass ich jederzeit einen Herzanfall bekommen könnte, weil das Telefon immer und in jeder Sekunde klingeln könnte, weil ein Kommilitone etwas über Pilze wissen will. Mir wurde ganz schlecht. Dann würde ich ja nie mehr Ruhe finden können, ja noch nicht einmal mehr schlafen können, denn so ein Telefon könnte ja auch nachts klingeln. Und noch nicht mal ignorieren darf man es! Man muss immer den Hörer abnehmen, das ist eine Regel. Hat Mama gesagt.

16 Auf Wiederhören! Was hilft bei einer Telefon-Phobie?

Und wenn das Telefon kaputt ist? Ich überlegte kurz, ob ich es mal eben auf den Boden fallen lassen sollte. Aber nein, das wäre eine Lüge und auch keine Lösung. Mama würde dann gleich beim nächsten Besuch sagen, dass ich ein neues Telefon brauche und mir eins zu Weihnachten schenken. Mama hat nämlich diesen Zwang, dass ich unbedingt ein Telefon haben muss. »Damit du in Notfällen erreichbar bist. Opa ist schon alt und man weiß ja nie, es kann viel passieren. Außerdem sollst auch du jederzeit uns anrufen können, wenn was ist.«

Ich versuchte mich zu beruhigen und kochte erst mal einen Tee. Unentwegt guckte ich dabei rüber zum Telefon, so als sei es ein Raubtier, das jederzeit auf mich losgehen könnte. Auch als ich später versuchte, meine Vorlesungsskripte durchzuarbeiten, konnte ich das Telefon nicht aus den Augen lassen. Ständig liefen die gleichen Gedanken durch meinen Kopf. Was, wenn es wieder klingelt? Wenn ich wieder dran gehen muss? Wenn ich wieder nicht weiß, mit wem ich spreche? Mir wurde ganz schlecht dabei. Auch in der Nacht konnte ich wie erwartet nicht schlafen. Erst in den nächsten Tagen beruhigte ich mich langsam. Dann, es war Samstagabend, klingelte das Telefon wieder.

»Nein!«, schrie ich laut, aber das Telefon wollte nicht aufhören. Ich rannte hin und her, es klingelte noch immer und immer fordernder, so als würde es rufen »Coline, geh dran, geh dran. Es ist wiiiiiichtig!«

Ich nahm also ab.

»Hallo?«, krächzte ich und meine Stimme versagte dabei fast.

»Hallo! Einen schönen guten Abend. Spreche ich mit der ... Frau Coline Meier?«

Der Mann am anderen Ende der Leitung sprach halb singend, halb sprechend. Ich glaube, das ist ein Zeichen, dass er sehr gut gelaunt war.

»Ja, Coline, hier. Und wer bist du?«

Ich überlegte, welcher Kommilitone so sprach. Mir fiel keiner ein, obwohl ich eigentlich ein gutes Gedächtnis für auffallende Stimmen habe. Und dieser Singsang war sehr auffällig.

»Ich? Oh, entschuldigen Sie, liebe Frau Coline Meier, ich bin Erwin Müller von der Skyte.«

Ich kannte keinen Erwin Müller und wusste auch nicht, wer oder was Skyte sein soll, tat aber so, als wüsste ich sofort, wer Erwin ist.

»Möchtest du auch, dass ich dir etwas zu der Vermehrung bei Pilzen erzähle?«, fragte ich. »Am Montag vor der ersten Vorlesungsstunde am großen Hörsaal?«

»Äh, Frau Coline Meier, ich glaube, hier liegt ein Missverständnis vor!«, rief der Mann fröhlich und fuhr fort: »Ich bin der Herr Müller von der Skyte. Von der Telefongesellschaft.«

»Oh.«

»Ja, und ich möchte Ihnen unseren *unverzichtbaren* Vertrag vorstellen.«

»Oh.«

»Genau. Ich werde Ihnen jetzt kurz die Bedingungen darlegen.«

»Moment! Ist das wichtig? Vertrag? Brauche ich das? Unverzichtbar? Muss ich das haben?«

Verzweiflung stieg in mir hoch. Ich hatte fürchterliche Angst, etwas falsch zu machen, nachher ins Gefängnis zu kommen, weil ich etwas nicht unterschrieben oder eine Regel missachtet hatte. So etwas kann ganz schnell gehen. Bestimmt.

»Unverzichtbar, Sie sagen es, liebe Frau Coline Meier!«

»Gefängnis?«, fragte ich. »Komme ich ins Gefängnis, wenn ich keinen Vertrag habe? Bin ich dann ein Verbrecher? So wie ein Schwarzfahrer?«

»Hä? Hören sie, wir wollen nur ihr Bestes. Also, was ich Ihnen anbieten möchte …«

»Ich nehme an, ich mache alles«, rief ich schnell. Mein Kopf dröhnte, ich konnte diesem Mann mit seinem Singsang keine Minute länger zuhören. Ich musste jetzt unbedingt ganz rasch zustimmen. Sonst würde ich bestimmt einen riesigen Fehler machen und hinterher ohne Strom oder Wasser dastehen. Oder ins Gefängnis müssen, wie diese berühmten Leute, die irgendwas mit Steuern oder so nicht unterschrieben haben.

»Dann ist es also geregelt! Herzlichen Glückwunsch, liebe Frau Coline Meier! Die Unterlagen schicken wir ihnen in den nächsten Tagen zu.«

Drei Tage später kam wie versprochen ein dicker Umschlag. Und darin war eine Rechnung von über 400 Euro. Ich verstand gar nichts mehr. Wo kam die her?

Ich schrieb Mama eine lange E-Mail und schickte ihr den eingescannten Vertrag über eine völlig überflüssige Telefonflatrate als Anhang.

»Darf ich dich mal anrufen, um das zu klären?«, schrieb Mama zurück.

»Nein!«, tippte ich in einen E-Mail-Text und Tränen flossen mir die Wangen runter. Nicht schon wieder telefonieren, bitte nicht!

Mama war lieb und kam am nächsten Wochenende vorbei. Sie sah sich den Vertrag genau an und nachdem ich ihr erzählt hatte, wie das Telefonat mit diesem Erwin abgelaufen war, sagte sie: »Du bist auf einen dieser üblen Telefonverkäufer hereingefallen. Verträge auf diese Weise telefonisch zu verkaufen, ist aber verboten! Ich werde den Vertrag sofort schriftlich widerrufen und alle Unterlagen an die Verbraucherschutz-Zentrale schicken. Geld überweisen wir auf keinen Fall, hörst du? Wenn wir Glück haben, ist damit alles erledigt.«

»Und wenn wir kein Glück haben?«

»Daran denken wir gar nicht erst.«

»Ich muss aber daran denken. Was passiert dann? Etwas sehr schlimmes?«

Ich hatte Angst. Mama atmete tief durch.

»Dann müssen wir ein Jahr lang jeden Monat 400 Euro bezahlen. Coline, das ist furchtbar viel Geld. So weit darf es nicht kommen.«

»Ich wollte das doch alles nicht«, rief ich. »Dieser Erwin hat so freundlich getan, so, als wolle er mir wirklich helfen. Er hat gesagt, es sei so wichtig und es wäre gut für mich, das zu machen. Ich hatte doch so Angst, ins Gefängnis zu kommen, wenn ich nicht zustimme. Es ist doch so, dass man tun muss, was wichtige Leute einem sagen, oder nicht?«

»Coline, dieser Mann war nicht wichtig, sondern ein ganz schleimiger, cleverer Betrüger! Du musst wirklich vorsichtiger sein am Telefon.«

»Ich will aber doch gar nicht telefonieren! Ich hasse das Telefon!«, rief ich. »Am liebsten würde ich es wegwerfen.«

Mama seufzte.

»Ich dachte, dass dir Telefonieren mittlerweile weniger Probleme bereitet.«
Ich schüttelte den Kopf.

Mama hatte eine gute Idee: »Weißt du was, Coline? Sprich doch mal mit Frau Hilfreich über das Telefonproblem. Sie kann dir bestimmt helfen.«

Am nächsten Mittwoch setzte ich Mamas Vorschlag gleich in die Tat um. »Frau Hilfreich, ich habe ein Problem. Ich habe so große Angst vorm Telefonieren. Und ich kann das auch überhaupt nicht. Das letzte Mal habe ich einen Vertrag über ganz viel Geld abgeschlossen. Nur weil dieser Erwin sagte, es sei unverzichtbar.«

Frau Hilfreich zog die Augenbrauen hoch. Ich sollte ihr erzählen, was mit diesem Erwin passiert war. Frau Hilfreich schüttelte nach meinem Bericht nur den Kopf und wiederholte das, was Mama auch schon gesagt hatte: Jemanden am Telefon dazu zu drängen, Verträge abzuschließen, ist verboten. Dann fragte Frau Hilfreich: »Was genau stresst dich denn beim Telefonieren, Coline? Was macht Angst?« Ich überlegte. »Angst macht, dass ich sofort antworten und was sagen muss. Ich habe keine Zeit, nachzudenken. Pausen dürfen nämlich am Telefon nicht entstehen. Das ist eine Regel.«

»Moment! Wer sagt, dass das eine Regel ist? Sicherlich, zu lange Pausen sind nicht schön. Aber man hat immer das Recht, nachzudenken! Und dann kann es sein, dass man auch mal schweigen muss.«

»Wirklich? Man muss am Telefon nichts sagen?«

»Doch schon. Aber nicht immer. Wie gesagt – kurz nachdenken und nichts sagen, ist immer erlaubt. Und was stresst dich noch?«

»Dass ich nicht weiß, mit wem ich spreche.«

»Das kannst du doch ganz leicht herausfinden! Einfach fragen: Mit wem spreche ich bitte? Wie ist noch mal Ihr Name? Oder, wenn du mal nicht weißt, ob oder woher du jemanden kennst, fragst du einfach: Woher kennen wir uns?«

»Und das funktioniert?«

»Natürlich. Wenn jemand wirklich an einem Gespräch mit dir interessiert ist, dann wird er dir auch sagen, wer er ist. Außerdem hast du ein Recht darauf zu wissen, mit wem du sprichst. Wenn jemand anonym bleiben möchte, also keinen Namen nennt, musst du mit dem auch gar nicht sprechen.«

»Machen Sie das auch so?«

»Na ja, meistens jedenfalls. Also, bei meinen privaten Anrufen schon. Aber in meinem Beruf geht das nicht immer. Weißt du, mich rufen manchmal ganz verzweifelte Menschen an, die schlimme Erfahrungen gemacht oder etwas Schlimmes getan haben. Die wollen oft nicht ihren Namen nennen. Und das ist dann auch okay so. Aber das ist beruflich und hat nichts mit meinen Anrufen zu Hause zu tun.«

»Und was mache ich, wenn ich nicht verstehe, was der andere von mir will?«

»Dann sagst du das einfach! Sag: Können Sie das bitte noch mal wiederholen? Ich habe nicht verstanden, was sie meinen. So einfach geht das.«

»Und wenn ich das dann immer noch nicht verstanden habe?«

»Dann kannst du entweder fragen, ob derjenige dir das auch schriftlich per E-Mail oder Post erklären kann. Oder, wenn du nur nicht sicher bist, ob du es richtig verstanden hast, dann wiederholst du es in eigenen Worten und fragst, ob das so korrekt ist.«

Ich schrieb mir alles auf, was Frau Hilfreich erzählte.

Am Schluss wollte Frau Hilfreich noch, dass wir telefonieren üben. Mir wurde schon beim Gedanken daran ein wenig schlecht.

»Denk ans Atmen, Coline. Einatmen, ausatmen.«

Das war einer von Frau Hilfreichs Tipps gegen Panikattacken. Und tatsächlich wirkte es auch diesmal. Ich schloss die Augen, dachte nur ans Atmen und wurde ruhiger. Dann ging ich ins Nebenzimmer und nahm das Handy mit, das Frau Hilfreich mir gegeben hatte. Sie wollte mich jetzt anrufen.

Ich hatte bereits etwa eine Minute im Nebenzimmer gesessen, als das Handy klingelte. Einatmen, ausatmen, sagte ich mir und drückte auf die grüne Taste, um das Gespräch anzunehmen.

»Hallo, Frau Hilfreich!«, sagte ich, schon mutiger als zu Hause. Es war nämlich gut zu wissen, wer anrufen würde.

»Oh, hier ist nicht Frau Hilfreich«, sagte die Stimme am anderen Ende der Leitung. »Hier ist Frau Schulz. Ich habe einen Termin bei Frau Hilfreich. Nächsten Dienstag.«

»Oh«, sagte ich.

»Ich möchte den Termin verschieben.« Ich begann zu stottern.

»Dann, dann müssen sie mit Frau Hilfreich sprechen. Wegen dem Verschieben.«

»Spreche ich denn nicht mit Frau Hilfreich?«

»Nein. Hier ist Coline Meier.«

»Ach so. dann richten Sie ihr bitte aus, dass ich den Termin verschieben muss.«

»Den Termin von nächster Woche Dienstag?«

»Genau. Von Dienstag auf Donnerstag.«

»Von Dienstag auf Donnerstag.«

»Machen Sie das? Richten Sie das aus?«

Ich nickte und sagte dann schnell laut »Frau Schulze will ihren Termin verschieben von Dienstag auf Donnerstag. Richte ich aus.«

»Wunderbar. Danke! Auf Wiederhören.«

Da klatschte es hinter mir. Ich drehte mich erschrocken um und in der Tür stand Frau Hilfreich.

»Coline, das war phantastisch! Du warst wundervoll!«

»Frau Schulze will ihren Termin von Dienstag auf Donnerstag verschieben. Ist das schlimm?«

»Nein, nein. Aber du, Coline, du warst großartig! Hast du nicht gemerkt, wie gut das Telefonat gelaufen ist? Wie gut du dich an alles gehalten hast, was wir besprochen haben?«

Ich nickte.

»Es war gar nicht so schwer.«

»Und? Wie hast du dich dabei gefühlt?«

»Nicht mehr ganz so schlimm wie sonst. Aber ob ich das auch daheim alleine hinbekomme? Wenn Sie nicht dabei sind?«

»Natürlich! Vielleicht nicht beim ersten Mal. Aber du wirst sehen, du bekommst mit der Zeit immer mehr Übung. Und wir beide trainieren das Telefonieren auch noch ein paar Mal. Coline, du wirst noch zur Telefonmeisterin!«

Das konnte ich mir nun wieder nicht vorstellen. Trotzdem ging ich mit einem guten Gefühl nach Hause. Als ich mich von der Praxishilfe Frau Schubert verabschiedete, zwinkerte die mir zu: »Und? Hast du Frau Schulze gut überstanden?«

»Ja«, sagte ich. »Sie wollte ihren Termin verschieben. Von Dienstag auf Donnerstag.«

»Ich weiß. Coline, du hast das sehr gut gemacht. Du klingst richtig gut am Telefon.«

Dabei zwinkerte sie mir zu.

Liebes Tagebuch, irgendwie fand ich es komisch, dass Frau Schubert mir zugezwinkert hat. Das ist nämlich auch etwas, das ich nicht verstehe: Wie Köpersprache funktioniert. Ich meine, ich habe schon mal gelesen, dass Zwinkern bedeuten soll, dass man zusammen ein Geheimnis hat oder etwas weiß, was andere nicht wissen. Aber was für ein Geheimnis sollte ich zusammen mit Frau Schubert haben? Sehr seltsam.

Trotzdem, liebes Tagebuch, ich bin stolz auf mich. Ich habe heute viel gelernt. Und meine Angst vor dem Telefon ist tatsächlich ein ganz kleines bisschen kleiner geworden. Vor allem, da Frau Hilfreich mir am Ende noch einen Tipp gegeben hat. Wenn ich mal gar nicht mehr sprechen kann oder mag, soll ich einfach sagen »Ich möchte dieses Gespräch jetzt beenden«. So, liebes Tagebuch, und jetzt bin ich müde und habe keine Lust mehr zum Schreiben. Ich möchte diesen Tagebucheintrag jetzt beenden.

Freund oder Feind? Das Telefon

Manchmal ist ein Telefongespräch unvermeidbar. Bestimmte Dinge lassen sich nur oder am besten durch ein mündliches Gespräch klären. Viele Autisten scheuen aber das Telefonieren, einige haben regelrechte Angst davor. Die Gründe davor können ganz unterschiedlicher Natur sein. Zum einen ist es so, dass viele Autisten nicht gerne in ihren Aktivitäten unterbrochen werden und ein Telefongespräch immer unvermittelt dazwischen kommen kann. Der Autist empfindet es dann nicht als nette Abwechslung, sondern als unerwünschte Störung in seinem normalen Tagesablauf. Was viele bei plötzlichen Anrufen auch als belastend empfinden, ist, dass es sie völlig unvorbereitet trifft, sie sich aber grundsätzlich auf ein Telefonat vorbereiten müssen.

Auch die Telefonsituation an sich empfinden viele Autisten als höchst anstrengend. Wie beginne ich ein Gespräch? Wann bin ich dran zu sprechen? Was mache ich, wenn eine Pause entsteht? Wann ist das Gespräch zu Ende? All diese Fragen stellen sich zwar ebenso in einem normalen Gespräch von Angesicht zu Angesicht, allerdings haben auch Autisten hierbei den Vorteil, dass sie im Laufe der Zeit an bestimmten Gesten erkennen können, welches Verhalten jetzt angebracht ist. Am Telefon hat man außer der Stimme des anderen Teilnehmers keine zusätzliche Informationsquelle. Bei manchen Autisten liegt die Schwierigkeit beim Telefonieren auch an ihrer besonderen Hörwahrnehmung. Sie können sich nicht mehr auf die Stimme des Gesprächspartners am Telefon konzentrieren, wenn auch nur das kleinste andere Geräusch in ihrer Umgebung zu hören ist. Im Selbsthilfeforum von Aspies e. V. erzählen einige Nutzer zudem, dass sie vorzugsweise nur mit dem linken oder mit dem rechten Ohr telefonieren können. Sie meinen, dass dies an ihrer Informationsverarbeitung im Gehirn liegen könnte.

Wer aber – was viele Autisten sicherlich gerne befolgen würden – jeder Telefonsituation konsequent ausweicht, vergrößert dadurch nur seine Angst. Besser ist es, sich mit der Angst zu konfrontieren. Für den ersten Schritt ist es gut, Telefongespräche einmal ohne Telefon zu üben. Dabei sollte man auf eine entspannte Körperhaltung und eine ruhige Atmung achten. Es ist gut, sich im Vorhinein einige Standardsätze zurecht zu legen. Das kann so aussehen:

Checkliste: Reden am Telefon

1. Begrüßung
Bei vertrauten Menschen:

- Hallo xy, hier ist ... *(eigenen Namen einfügen)*, wie geht es Dir?
- Hi, xy, schön, Deine Stimme zu hören.

Bei fremden Personen:

- Guten Tag, hier ist ... *(eigenen Namen einfügen)*
- Grüß' Sie, mein Name ist ... *(eigenen Namen einfügen)*

Wenn die gewünschte Person nicht am Apparat ist:

- Guten Tag, Sie sprechen mit ... *(eigenen Namen einfügen)*, ist xy zu Hause?
- Guten Morgen, ... *(eigenen Nachnamen einfügen)* mein Name, darf ich bitte mit xy sprechen?

2. Redewendungen während des Telefonats

- Kann ich sonst noch was für Sie/Dich tun?
- Small Talk: Wie ist das Wetter bei Euch? Wie geht es der Familie? Hast Du schon Pläne fürs Wochenende?
- Wusstest Du schon, dass ...?

Kleiner Tipp: Sympathisch wirkt es, dem anderen durch ein gelegentliches »Mmh« oder »Ja« zu signalisieren, dass man ihm zuhört.

3. Redewendungen, um ein Telefongespräch zu beenden

- Es war schön, mit Dir/Ihnen zu sprechen.
- Danke für den Anruf.
- Dann will ich Dich/Sie jetzt nicht länger aufhalten.
- Ich wünsche Dir/Ihnen alles Gute. Wir hören voneinander/sehen uns.

Tipps zum Telefonieren

- Eine sorgfältige Vorbereitung ist entscheidend: Vor einem wichtigen Anruf alle Punkte aufschreiben, die Sie ansprechen wollen. So vergessen Sie nichts.
- Sorgen Sie für Ruhe und die richtige Telefonkulisse. Vermeiden Sie jede Art von Unterbrechungen.
- Sprechen Sie langsam und deutlich.
- Notizblock und Kugelschreiber sollten bereit liegen – es kann sein, dass Sie schnell etwas notieren wollen.
- Den Gesprächspartner immer mit seinem Namen ansprechen. Wenn Sie den Namen nicht wissen, freundlich nachfragen (Wie *ist* bitte Ihr Name? Nicht: Wie *war* bitte Ihr Name?)
- Am Ende des Telefonats (*nicht bei privaten Plaudergesprächen!*) das Wichtigste zusammenfassen und nachfragen, ob das so korrekt ist.
- Und ganz wichtig: Nie einschüchtern lassen und immer freundlich bleiben! Kleiner Tipp für letzteres: Beim Telefonieren immer lächeln.

Hilfreiche Links im Internet

Telefon-Knigge:
https://www.stil.de/kommunikations-knigge/der-neue-telefon-knigge-ueberzeugen-sie-mit-zeitgemaessen-umgangsformen/

Kleiner Knigge zum Telefonieren im Beruf:
www.manager-magazin.de/koepfe/karriere/0,2828,638139,00.html

Tipps fürs geschäftliche Telefonieren:
www.focus.de/karriere/management/techniken/bueroalltag_aid_137813.html

Informationen zu Telefonwerbung von der Bundesnetzagentur:
https://www.bundesnetzagentur.de/DE/Vportal/TK/Aerger/Faelle/UEW/start.html

17   Coline beim Friseur

Liebes Tagebuch,

»Wie siehst du denn aus?«, waren die ersten Worte von Mama, als ich am Wochenende nach Hause kam.
»Wie soll ich denn aussehen?«, fragte ich verwirrt.
»Na, was ist mit deinen Haaren passiert?«
»Ach, die. Die hab ich abgeschnitten. Die haben genervt.«
Und das stimmte auch. In den letzten Wochen war es zunehmend schlimmer geworden. Immer wieder sind mir die Ponyhaare in die Augen gefallen, so dass ich kaum mehr richtig in meine Bücher schauen konnte. Und die restlichen Haare waren einfach zu lang. Woran ich das gemerkt habe?
Natürlich an der Uhr. Ich föhne, seit ich zwölf Jahre alt bin, meine Haare genau drei Minuten lang. Sie sind richtig lang, wenn sie nach drei Minuten trocken sind. Und in letzter Zeit waren sie eben nicht trocken. Also waren sie zu lang und mussten abgeschnitten werden.
Früher hatte mir Tante Flora die Haare geschnitten. Das ging bei der ganz fix. Tante Flora war nämlich Friseurin, bevor sie meinen doofen Cousin Aaron bekommen hat. Kaum war Aaron auf der Welt, hat die Tante aufgehört, anderen Menschen die Haare zu schneiden. Nur bei Mama und mir hat sie noch eine Ausnahme gemacht.
Tante Flora war nicht da, als meine Haare jetzt plötzlich zu lang waren. Und vorgestern Abend hatten mich die Haare so sehr genervt, da konnte ich nicht mehr anders: Ich nahm die Küchenschere aus der Schublade, stellte mich vor den Spiegel und – schnipp, schnapp – schnitt erst den Pony und danach noch eine ordentliche Menge vom Haupthaar ab. Danach ging es mir besser. Jetzt purzelten mir endlich keine nervigen Haarsträhnen mehr ins Gesicht. Keine Haare versperrten meinen Augen die freie Sicht und keine Strähnen kitzelten meine Nase. Jetzt hatte ich endlich Ruhe.
Komisch, dass Mama das nicht genauso so gut fand wie ich. Eigentlich hätte ich erwartet, dass sie jetzt richtig stolz auf mich ist, weil ich das Haarproblem ganz alleine gelöst hatte.
»Coline, so kannst du doch nicht rumlaufen mit den kurzen Ponyschnippseln auf der Stirn. Und wie sehen denn deine schönen langen Haare aus? Die sind ja nirgends mehr gleich lang! Vorne bis auf Kinnhöhe und hinten hat jedes Büschel eine andere Haarlänge.«
»Na und? Das misst schon keiner nach.«

»Das sieht man doch mit einem Blick! Da muss man nicht erst nachmessen.«
»Ich dachte, es wäre modern, die Haare unterschiedlich lang zu tragen? Du bist eben nicht auf dem Laufenden!«

Ich konnte mich schwach daran erinnern, im Internet mal etwas von »Stufenschnitten« gelesen zu haben.

»Ja schon, aber doch nicht so! Stufen sind schon in Ordnung, aber man muss sie professionell schneiden lassen. Da kann man nicht selbst Hand anlegen.«

»Wo steht das denn geschrieben? Das ist doch bestimmt nur, damit alle zum Friseur laufen und der Geld verdient.«

»Quatsch. Das ist, damit man vernünftig aussieht und nicht wie ein Clown. Coline, so kann das auf keinen Fall bleiben. Du musst zum Friseur. Und zwar ganz dringend.«

»Kann Tante Flora das nicht machen?«

»Tante Flora wohnt jetzt in der Schweiz, das weißt du ganz genau.«

»Aber sie kommt doch zu Weihnachten. Bis dahin geht es auch so.«

»Bis Weihnachten sind zwei Monate!«

»Ja. Bis dahin können meine Haare wachsen, ohne mich zu nerven. Ich hab ja genug abgeschnitten.«

»Coline, du verstehst das nicht. Es geht darum, dass man so nicht rumlaufen kann, wie du im Moment aussiehst.«

»Und warum nicht?«, rief ich.

17 Coline beim Friseur

Mir wurde das langsam zu blöd. Mama immer mit ihrem Gejammer. Wenn das so weiterging, würde ich bestimmt nicht mehr am Wochenende nach Hause fahren. Das war ja unerträglich.

Mama ließ tatsächlich das ganze Wochenende nicht von dem Thema ab. Schließlich war ich es so leid, dass ich mich am Sonntag schon gleich nach dem Mittagessen wieder zum Bahnhof bringen ließ. Von Opa. Nicht von Mama. Von ihrem Gerede hatte ich genug. Ein für alle Male.

»Opa, ich weiß nicht, ob ich noch mal komme«, sagte ich, als wir im Auto saßen.

»Was ist denn los, Colinchen? Das klingt ja furchtbar!«

»Mama ist furchtbar. Ständig muss sie über so unwichtige Dinge wie meine Haare sprechen. Als würde das jemanden interessieren.«

»Mmh, deine Mutter will dich wahrscheinlich nur schützen.«

»Wovor denn schützen?«

»Davor, dass du womöglich ausgelacht wirst.«

»Wer sollte mich denn auslachen?«

»Keine Ahnung. Aber wegen deinen Haaren macht Mama sich eben Sorgen. Vielleicht ist es ihr auch peinlich, weil du ja ihre Tochter bist und sie Angst hat, dass du dich und sie blamierst.«

»Mich und sie? Wie denn das?«

»Frag mich nicht. Aber Mütter sind so. Wenn sich ihr Kind blamiert, dann schämen sie sich gleich mit.«

»Ich schäme mich nie.«

»Dann schämt sich eben nur deine Mutter.«

»Mütter sind bescheuert. Hoffentlich werde ich nie Mutter«, murmelte ich.

Opa sagte lange nichts. Dann meinte er:

»Coline, was willst du jetzt machen? Ich meine mit deinen Haaren?«

»Nichts! Warum auch?«

»Dachte ich mir. Aber weißt du, was jetzt wirklich erwachsen wäre? Wenn du zum Friseur gehen würdest.«

»Bestimmt nicht! Dann hätte Mama ihr Ziel doch erreicht.« Opa zwinkerte mir zu.

»Mama würde dir nicht zutrauen, dass du wirklich zum Friseur gehst. Wenn du es aber tust, zeigst du ihr, dass du erwachsen bist. Dass du Dinge wunderbar alleine regeln kannst und zwar ohne, dass sie ein ganzes Wochenende deswegen meckert. Denk mal darüber nach.«

Ich dachte tatsächlich darüber nach. Und ich kam zu dem Ergebnis, dass Opa Recht haben könnte. Also ging ich am nächsten Tag zu dem Friseurshop am Ende der Straße, in der ich wohnte.

»Guten Tag«, sagte ich. »Ich möchte die Haare geschnitten bekommen.«

Die Frau sah meinen Kopf an. Ziemlich lange. Nervend lange.

Dann:

»Haben Sie einen Termin?«

»Nein.«

17 Coline beim Friseur

»Macht nichts. Sie haben Glück. Eine Kundin hat gerade abgesagt und ich kann Sie dazwischen nehmen. Setzen Sie sich doch schon mal ans Waschbecken auf den Stuhl.«

Als ich mich setzte, hatte ich Angst. Was würde jetzt mit mir passieren? Ich war noch nie bei einem Friseur gewesen.

Als die Frau zu mir kam, legte sie mir einen eklig labbrigen, schwarzen Umhang um. Darin kam ich mir wie ein Vampir vor. Oder wie auf dem Operationstisch. Macht man das so, weil es beim Haareschneiden gefährlich werden kann? Werden manchmal wirklich versehentlich Ohren abgeschnitten, wie manche Leute erzählen? Instinktiv hielt ich mir die Hände vor die Ohren.

»Nun bitte einmal zurücklehnen«, sagte die Frau.

»Und dann?«, fragte ich.

»Dann wasche ich Ihnen die Haare.«

»Das kann ich doch auch alleine! Ich bin doch kein Baby mehr.«

»Natürlich. Aber hier können Sie sich mal richtig verwöhnen lassen.«

Und bevor ich noch etwas sagen konnte, packte sie einfach meinen Kopf und drückte ihn in ein Waschbecken. Während des Waschens massierte sie mir die Kopfhaut. Das war wider Erwarten angenehm. Sehr angenehm sogar. Sie hätte noch Stunden so weitermachen können. Aber dann war es auch schon vorbei und sie rubbelte mir dir Haare mit einem Handtuch trocken.

Danach musste ich mich auf einen anderen Stuhl vor einen Spiegel setzen. Und dann begann das schlimme. Die Frau kämmte mir die Haare und es ziepte furchtbar. Ständig riss sie an meinem Kopf und einmal musste ich sogar laut »Aua« schreien. Danach fragte die Frau, wie sie die Haare schneiden solle.

»Ja, wissen Sie das denn nicht selbst? Ich dachte, Sie können das!«

»Natürlich. Aber ich muss doch wissen, was Sie es haben wollen. Kurz, stufig oder nur die Spitzen?« Ich überlegte.

»Nicht zu kurz, aber alle auf einer Höhe. Und so, dass mir nichts ins Gesicht fällt, das mag ich nicht. Und noch etwas…«

»Ja?«

»Bitte lassen Sie meine Ohren dran.« Die Frau lachte laut.

»Nun, ich werde mir Mühe geben.«

Das klang nicht sehr beruhigend. Ich hoffte sehr, dass »Mühe geben« reichen würde.

Ganz nervös machte mich, dass die Frau beim Schneiden ständig redete und mich blöde Sachen fragte. Sollte sie sich nicht besser darauf konzentrieren, meine Ohren nicht abzuschneiden? Irgendwann fragte sie, welches Shampoo ich benutzen würde. Ob das ein billiges gegen Schuppen sei.

»Das geht Sie doch nichts an!«, rief ich. »Wollen Sie etwa auch noch wissen, welche Farbe meine Unterhose hat?«

»War ja nur eine Frage, meine Güte. Ihre Haare bräuchten mehr Pflege.«

»Was meine Haare brauchen, entscheide immer noch ich. Und nun schneiden Sie bitte meine Haare weiter, ich hab noch anderes zu tun als hier zu sitzen.«

Die Frau schnitt schweigend weiter. Sie trödelte trotzdem extrem. Und sie war so pingelig! Nicht, dass sie einfach mit der Schere einmal an den Haaren unten

17 Coline beim Friseur

entlang gefahren wäre, wie das ein vernünftiger Mensch gemacht hätte. Nein. Sie steckte erst bis auf wenige Strähnen meine ganzen Haare mit Klammern hoch. Dann beschnitt sie die Haare, die nicht hochgesteckt waren. Danach ließ sie ein paar mehr Strähnen runter fallen, schnitt diese und so weiter. Ich schaute auf die Uhr. Schon eine halbe Stunde ging das so.

»Geht das nicht auch schneller?«, fragte ich.
»Nein.«
»Sie könnten doch einfach und fix alle Haare auf einmal schneiden.«
»Ich mache es so, wie ich es gelernt habe.«

Ein grässliches Gefühl überkam mich, als sie schließlich mit der Schere in meinem Nacken hantierte und ich die Schneide an meiner Haut spürte. Ich bekam überall eine Gänsehaut und ein Schauder fuhr durch meine Glieder. Es ging aber gut, ganz ohne Aua und Blutvergießen.

Endlich, endlich war sie fertig.
»Darf ich jetzt gehen?«, fragte ich.
»Ich muss noch föhnen. Darf ich was reinmachen?«
»Was denn reinmachen, um Gottes Willen?«
»Was Sie wollen. Haarfestiger, Haarspray …«
»Bloß nicht! Das stinkt doch widerlich, dieses ganze Zeug. Und es klebt abscheulich.«
»Dann eben nicht.«

Ich hatte mich darauf eingestellt, in weiteren drei Minuten – solange dauert schließlich meine Föhnzeit – draußen zu sein, doch nichts da. Diese Trödeltante fing wieder an, meine Haare hochzustecken und föhnte Strähne für Strähne über eine Rundbürste. In mir kribbelte es wie tausend Ameisen. Ich konnte einfach nicht mehr ruhig sitzen.

»Das reicht«, murmelte ich.
Sie hörte mich nicht. Der Fön war zu laut.
»Aufhören, bitte«, sagte ich.
Keine Reaktion vor ihr. Dann musste ich eben etwas tun: Ich sprang auf und riss mir den Umhang ab.
»Ich muss jetzt gehen«, rief ich.
»Ihre Haare sind noch nass.«
»Egal. Die trocknen nämlich auch von alleine, wussten Sie das schon?«
»Bei den Temperaturen draußen sollten Sie nicht mit nassen Haaren rumlaufen. Und außerdem – wie sieht das denn aus?«
»Das interessiert mich alles nicht. Ich muss jetzt hier raus.«

Ich bezahlte. Dann rannte ich raus. Frische Luft. Es tat so gut, frei zu sein. Selten hatte ich es so genossen, zappeln zu dürfen und meinen Kopf schütteln zu dürfen, so viel ich wollte.

Liebes Tagebuch, es soll doch tatsächlich Leute geben, die gerne zum Friseur gehen. Kann man sich das vorstellen? Ich nicht. Und ich weiß auch nicht, ob ich da jemals noch mal hingehe. Lieber schneide ich mir wieder selbst die Haare. Mit einem bisschen Übung kann ich das genauso gut wie diese Frau im Friseurladen. Und schneller als bei der Bummeltante geht es bei mir auf jeden Fall.

Friseurbesuch: Wer schön sein will, muss leiden

Bei Friseurbesuchen teilen sich die Meinungen: Es gibt Menschen, die gerne in den Friseurladen gehen, gerne mit der Friseurin oder dem Friseur über Gott und die Welt reden und es genießen, sich die Haare machen zu lassen. Sie mögen es, sich dort mit einer Tasse Kaffee oder einem Glas Mineralwasser zu erfrischen, in Klatschheftchen zu blättern und sich über die neusten Neuigkeiten auszutauschen. Andere Menschen sehen den Friseurbesuch mehr als eine Pflicht, der man ab und zu nachkommen muss, um wieder »vernünftig« auszusehen.

Genau aus diesem Grund betreten wohl auch Autisten – notgedrungen – einen Frisiersalon. Den meisten von ihnen ist an sich eher egal, wie sie aussehen. Um aber in der Gesellschaft bestehen zu können, wissen sie, dass ein gepflegtes Auftreten unerlässlich ist und dazu gehört eben auch eine ordentliche Haartracht.

Vieles, was mit einem Friseurbesuch zu tun hat, empfinden Menschen mit Autismus als belastend, nervig oder sogar schier unerträglich. Dass sie beim Friseur am Kopf und an den Haaren angefasst werden müssen, kann das erste Problem sein. Andere Autisten vertragen es nicht, den Gerüchen von Shampoos, Haarsprays, Haarfärbemittel und anderen Chemikalien ausgesetzt zu sein. Ein weiteres Problem ist die Eigenschaft vieler Friseure, pausenlos zu erzählen und Fragen zu stellen. Solcher Small Talk wirkt auf Autisten jedoch eher abschreckend als unterhaltsam.

Checkliste: Haarige Zeiten und ihre Lösungen

- Haarschnitte wählen, die keine ständigen Friseurbesuche erfordern. Geeignet sind zum Beispiel bei Männern extrem kurz geschnittene Haare, die sie mit dem Haartrimmer selbst bei Bedarf stutzen können, und bei Frauen lange Haare, die nur mehrmals jährlich an den Spitzen geschnitten werden müssen. Ungeeignet ist alles, was mit Färben zu tun hat, da hier regelmäßig nachgefärbt werden muss. Beachte: Trendige Kurzhaarfrisuren bei Frauen sehen nur gut aus, wenn man sie täglich in Form föhnt und regelmäßig nachschneiden lässt.
- Wenn es in der Familie oder dem Bekanntenkreis einen Friseur gibt oder Sie eine Person kennen, die gut Haare schneiden kann, können Sie denjenigen oder diejenige bitten, Ihnen die Haare zu schneiden.
- Ein Friseur, der ins Haus kommt und in heimischer Umgebung die Haare schneidet, kann die Prozedur des Haareschneidens angenehmer für Sie machen.

18 Coline und der Röckchen-Parkplatz: Unfall vorm Supermarkt

Liebes Tagebuch,

ich fahre gerne Auto. Autofahren gibt mir das Gefühl von Freiheit. Außerdem ist es gut, dass man alleine im Auto sitzen kann. Es sind keine anderen Menschen da, die einen stören. Am besten ist Auto fahren, wenn es regnet. Dann ist es nämlich in Zügen und Bussen besonders eklig. Es stinkt überall nach regennassen Menschen, alles ist feucht und klebrig und kalt. Widerlich.

Am letzten Wochenende bin ich einkaufen gefahren. Ich fahre jeden Samstag zum Einkaufszentrum am Stadtrand, da dort alle Supermärkte auf einem Haufen sind. Da ist der Einkauf schnell erledigt und es gibt alles, was ich brauche. An diesem Samstag regnete es und ich fuhr auf einen Parkplatz nahe am Eingang, auf einen Röckchen-Parkplatz. Röckchen-Parkplätze sind die Parkplätze, auf denen eine Frau in einem Rock abgebildet ist. Hier darf man nur parken, wenn man eine Frau ist und einen Rock an hat. Zum Glück hatte ich an diesem Tag einen so langen Pullover an, dass der als Minikleid durchgehen konnte.

Im Supermarkt dauerte alles ewig. Erst mal musste ich von der Kasse wieder ganz zurück zur Obst- und Gemüse-Abteilung laufen, da ich gesehen hatte, dass eine Tomate in meiner Schale matschig war und ich die Packung daher umtauschen musste. Verdorbenes Essen macht schließlich krank. Das sagt Mama, und die weiß so etwas. Dann war natürlich mein Platz in der Schlange weg und ich musste mich wieder ganz hinten anstellen. Ausgerechnet an meiner Kasse fand auch noch ein Wechsel der Kassiererin statt und dann bezahlten wirklich alle vor mir mit Scheckkarte. Es dauerte und dauerte. Als ich endlich dran war, hatte ich zwölf Minuten gewartet. Nur mit Mühe konnte ich mich davon abhalten, vor Wut und Stress laut zu schreien.

Beim nächsten Supermarkt hatte ich noch nicht mal Glück bei der Parkplatzsuche. Es gab keinen freien Röckchen-Parkplatz mehr. Überhaupt war kaum noch etwas frei, bis auf eine kleine Lücke in der Mitte des Parkplatzes. Ich sah auf die Uhr. Ich musste in einer viertel Stunde wieder zu Hause sein, sonst würde mein Plan vollkommen durcheinander geraten. Diesen engen Quetsche- Parkplatz musste ich einfach nehmen, koste es, was es wolle. Während ich am Lenkrad kurbelte und kurbelte, hetzte ich in Gedanken schon durch den Supermarkt, immer im Wettlauf mit dem beständig weiter wandernden Zeiger auf der Uhr. Gerade, als ich in Gedanken an der Kasse stand und hoffte, dass dort die Schlangen nicht zu lang sein würden, machte das Auto plötzlich stopp. Ich sah nach vorne und das Auto in der Lücke neben mir stand plötzlich ganz unangenehm nah an meinem rechten vorderen Scheinwerfer. Oh, das sah nicht gut aus. Ich sprang aus dem Auto, rannte zur schlimmen Stelle, und nein, es war doch wirklich, wirklich passiert, ich hatte das andere Auto gerammt. Das andere Auto war ein blauer BMW. Ihh, auch noch blau. Aber er sah teuer aus. Das alles war nicht gut, das war überhaupt nicht gut. Ich sah auf die Uhr. Nur noch zehn Minuten. Mist. Meinen Plan konnte ich nur noch einhalten, wenn ich sofort nach Hause fahren würde. Vielleicht hatte es niemand gesehen? Unwahrscheinlich. Außerdem war mein rechter Scheinwerfer kaputt und das andere Auto hatte am Kotflügel ordentlich etwas abbekommen. Leider hing auch noch etwas von der weißen Farbe meines Autos am eingebeulten Kotflügel des anderen Wagens.

Was also tun? Ich könnte laut um Hilfe rufen. Nein, das wäre kindisch. Auf die Besitzer des BMWs warten? Ja, das war eine gute Idee, würde aber bestimmt lange dauern.

Die Polizei, überlegte ich dann. Opa hatte mal gesagt, immer, wenn was mit dem Auto passiert, sofort die Polizei anrufen.

Gilt das auch, wenn ich Schuld habe? Oder nehmen die mich dann gleich mit und stecken mich ins Gefängnis? Nein, bestimmt nicht.

Hoffentlich nicht. Andererseits, dieser Tag war eh schon kaputt, da könnte mich auch das Gefängnis nicht mehr schocken.

Ich holte also mein Handy aus der Tasche und tippte ohne zu überlegen die 110 ein. Die Notrufnummer weiß ich schon auswendig, seit ich drei Jahre alt bin. Es war die erste von heute insgesamt 188 Telefonnummern, die ich auswendig gelernt habe. Man kann ja nie wissen, wann man die mal braucht. Ich weiß zum Beispiel die Telefonnummern von sämtlichen Pizza-Lieferanten in fünf Städten auswendig. Die können überlebenswichtig sein. Man weiß ja nie, bei einem Stromausfall könnte der Kühlschrank kaputt gehen und der Inhalt verderben. Wenn das an einem Wochenende passiert und ich kein Brot mehr da habe, dann ist man ja schon halb verhungert.

Am anderen Ende der Leitung meldete sich eine schnell sprechende Frauenstimme. Ich hatte nichts verstanden.

»Hallo, Polizei?«, fragte ich vorsichtshalber in den Hörer.

»Ja, sie sind mit der Polizei verbunden. Uhlmann hier.«

»Coline Meier hier. Ich habe ein Auto gerammt.«

»Gerammt?«

»Ich bin dagegen gefahren.«

»Gut. Wir schicken einen Streifenwagen zu Ihnen. Wo sind Sie?«

»Auf dem Supermarktplatz.«

»Von welchem Supermarkt?«

»Einkaufsparadies. Ich parke in der fünften Reihe von vorne, 17. Parkplatz.«

Die Frau versprach, dass schnell jemand kommen würde.

»Wie schnell?«

»In einer viertel oder halben Stunde können die Kollegen da sein.«

»So lange? Das geht nicht. Ich muss doch nach Hause!«

»Tut mir leid. Schneller geht es nicht.«

Ich war verzweifelt. Nun stand ich also hier im kalten Novemberwind und wartete auf so einen dummen Polizeiwagen. Da kam vom Supermarkt eine Frau in hohen Stöckelschuhen auf mich zu. Sie war stark geschminkt und hatte blondierte lange Haare, die sie zu einem Dutt hochgesteckt hatte. Hässlich. Ich mag solche Barbies nicht. Ich verzog das Gesicht, als die Frau in meine Richtung blickte. Sie steuerte auch noch genau auf mich zu. Nein, nicht auf mich. Auf das gerammte Auto! Sie würde doch nicht,… Doch. Die Frau drückte auf den Knopf an ihrem Autoschlüssel und das Auto neben mir blinkte auf. Es war ihr Auto. Ausgerechnet.

»Entschuldigen Sie, ich habe Ihr Auto kaputt gemacht«, sagte ich. Die Frau sah mich an.

»Wie bitte?«

Dann sah sie es. Die dicke Beule an der Seite und der rechte Scheinwerfer meines Autos, der immer noch ihren Kotflügel berührte.

»Mist!«, schrie die Frau. »Das Auto ist erst ein halbes Jahr alt. Musste das denn sein? Können Sie denn nicht aufpassen?«

»Ich habe das nicht mit Absicht gemacht«, sagte ich.

»Das wird teuer! Ich muss den ganzen Kotflügel ersetzen lassen. Und neue Reifen brauche ich bestimmt auch. Das muss alles wieder perfekt aussehen. Mein gutes Auto! Ich könnte ausrasten vor Wut.«

»Ausrasten?«
»Ja, ausrasten!«
»Ich habe die Polizei angerufen.«
»Zumindest das. Wann kommt sie?«
»In einer viertel bis halben Stunde.«
»Na gut. Warten wir so lange.«
Nach 24 Minuten kam endlich ein blauweißer Polizeiwagen auf uns zugefahren. Die Frau sprang sofort mitten auf die Fahrbahn und versperrte den Polizisten so den Weg. Der Polizeiwagen musste anhalten, sonst hätte er die Frau umgefahren.
Ich hatte Angst. Jetzt stiegen die Polizisten aus. Es waren eine dunkelhaarige Frau und ein fast glatzköpfiger Mann. Die beiden würden bestimmt mit mir schimpfen. Ich wollte sie gar nicht ansehen und sah schnell zu Boden.
»Sind Sie Coline Meier? Haben Sie uns angerufen?«, fragte mich die Frau. Ich nickte.
»Was ist passiert?«
»Ich bin gegen das Auto von der blonden Frau gefahren.« Der männliche Polizist besah sich die schlimme Stelle.
»Blech- und Lackschaden. Geben Sie mir bitte Ihren Führerschein.«
Mit zitternden Fingern griff ich in mein Portmonee und holte meinen Führerschein heraus. Den würde ich bestimmt nicht mehr wiederbekommen.
»Darf ich jetzt nie mehr Auto fahren?«
»Wie? Quatsch«, sagte der Polizist.
Er schrieb einiges von meinem Führerschein ab.
»Haben Sie schon Ihre Versicherung angerufen?«, fragte mich die Polizistin.
»Versicherung?«
»Ihr Auto ist doch versichert, oder?«
»Ja! Ich meine, ganz bestimmt ist es das.«
»Dann müssen Sie Ihrer Versicherung Bescheid sagen.«
»Ich weiß aber nicht, wer meine Versicherung ist«, sagte ich.
»Wer weiß das dann? Ihre Eltern?«
»Mein Opa. Der weiß alles.«
»Dann rufen Sie bitte Ihren Opa an und klären Sie das ab.« Ich nahm man Handy aus der Tasche.
»Warum wählen Sie nicht? Haben Sie die Nummer vergessen?«, fragte die Frau, als ich das Handy anstarrte.
»Nein. Ich meine, äh, der Akku ist leer.«
»Meine Güte! Dann nehmen Sie mein Handy«, sagte jetzt die blonde Frau, gegen deren Auto ich gefahren war.
Ich rief Opa mit dem rosa Telefon der Barbie-Frau an.
»Du hattest einen Unfall? Coline, bist du in Ordnung?«, rief Opa ins Telefon.
»Ja, ja. Aber am Auto ist der rechte vordere Scheinwerfer kaputt. Und das Auto von der Barbie-Frau hat eine Beule und der Lack ist beschädigt.«
»Gott sei Dank. Hauptsache, dir geht es gut.«
»Haben wir eine Versicherung?«, fragte ich.

18 Coline und der Röckchen-Parkplatz: Unfall vorm Supermarkt

»Natürlich. Coline, du musst die Polizei anrufen, ja? Damit die den Unfall aufnehmen.«

»Hab ich doch längst. Die Polizei ist schon da.«

»Gut gemacht«, lobte Opa.

Das erste Mal an diesem Tag war ich ein bisschen stolz. Ich hatte also doch etwas richtig gemacht.

»Im Handschuhfach sind die Papiere von der Versicherung«, sagte Opa.

Ich versprach Opa, ihn später noch mal anzurufen und telefonierte dann mit der Versicherung. Erst mal musste ich ewig »Don't worry, be happy« hören, bis ich endlich mit einem Menschen verbunden wurde. Ich musste viele komplizierte Fragen zu dem Unfall beantworten. Dann hieß es, die Barbie-Frau sollte ihr Auto reparieren lassen und die Rechnung an die Versicherung schicken.

»Und mein Auto?«

»Den Schaden müssen Sie selbst bezahlen. Sie haben ihn ja auch verursacht.«

»Ist das teuer?«

»Das kann ich nicht sagen. Fahren Sie zur Werkstatt und lassen Sie sich dort beraten.«

»Werkstatt. Zu welcher Werkstatt?«

»Hören Sie, ich sitze hier in Berlin. Ich habe keine Ahnung, wo Sie sind und welche Werkstätten bei Ihnen vor Ort sind. Das müssen Sie schon selbst herausfinden.«

Die Polizisten waren inzwischen fertig geworden. Der Mann gab mir meinen Führerschein zurück.

»Sie können jetzt fahren«, sagte er.

»Ich darf fahren? Mit dem Auto? Und mit meinem Führerschein?«

»Besser mit Führerschein als ohne«, sagte der Polizist.

Ich fragte jetzt lieber nicht mehr nach, sondern sprang schnell ins Auto und fuhr vom Parkplatz. Dann fuhr ich auf schnellstem Weg nach Hause. Bloß nicht, dass den Polizisten doch noch einfallen würde, mich einzusperren.

Zu Hause flüchtete ich in die Wohnung, schloss von innen ab und atmete erst mal tief durch.

Liebes Tagebuch, was war das nur für ein Erlebnis. Warum habe ich nicht besser aufgepasst? Es hatte doch ganz so ausgesehen, als sei genug Platz für mich in der Lücke. Wie konnte ich mich nur so verschätzen? Liegt es daran, dass ich schon immer Abstände mit den Augen schlecht einschätzen konnte? Herrje, ich habe Angst, dass so was noch mal passiert. Aber deshalb aufs Autofahren verzichten? Liebes Tagebuch, ich will weiterhin Auto fahren. Aber von engen Quetsch-Parkplätzen halte ich mich in Zukunft fern. Versprochen.

Unfall – was nun?

Wer Auto fährt, geht damit auch immer das Risiko ein, einen Schaden zu verursachen. Solange es sich »nur« um Blechschäden handelt, lässt sich mit Geld das meiste regeln. Unfälle, bei denen Personen zu Schaden kommen, sind weitaus tragischer, zum Glück aber seltener.

Ist ein Unfall passiert, ist es immer gut, die Polizei und wenn nötig auch Feuerwehr und Krankenwagen zu verständigen. Die entsprechenden Notrufnummern sind 110 bzw. 112. Man darf sich aber auf keinen Fall einfach so vom Unfallort entfernen! Das gilt als Fahrerflucht und ist strafbar. Erst, wenn die Beamten eingetroffen sind und den Unfall aufgenommen haben, darf man mit ihrem Einverständnis den Unfallort verlassen. Zuvor sollte man sich auch mit den anderen am Unfall beteiligten Parteien verständigt haben.

Als motorisierter Verkehrsteilnehmer eine Autohaftpflichtversicherung abgeschlossen zu haben, die die Kosten des Schadenopfers unabhängig von deren Umfang zur Gänze trägt, ist gesetzlich vorgeschrieben. Im Falle eines selbstverschuldeten Unfalls hilft eine Kaskoversicherung je nach Art des Versicherungsvertrags (Teilkasko bzw. Vollkasko) darüber hinaus, einen Teil der eigenen Unfallkosten oder sogar den Gesamtbetrag zu tragen. Wer Auto fährt, muss sicher gehen, dass zumindest ein Haftpflicht-Versicherungsschutz besteht. Ohne Versicherung darf man sich nicht ins Auto setzen!

Hilfreiche Links im Internet

Unfallratgeber von ERGO:
https://www.ergo.de/de/Ratgeber/kfz/unfall

Tipps und Hinweise vom ADAC:
https://www.adac.de/rund-ums-fahrzeug/unfall-schaden-panne/
https://www.adac.de/rund-ums-fahrzeug/unfall-schaden-panne/unfall/was-tun-nach-unfall/

Informationen rund um Straßenverkehrsunfälle vom richtigen Verhalten über Versicherungen bis hin zu rechtlichen Themen:
www.unfall-und-was-nun.de

19 Advent, Advent: Coline bereitet sich auf Weihnachten vor

Liebes Tagebuch,

jetzt ist die Zeit gekommen, in der es in den Gärten der Menschen im Dunkeln leuchtet, in der künstliche Weihnachtsmannfiguren von den Dächern hängen, Weihnachtsgebäck in den Geschäften ausliegt und die Weihnachtsmärkte in den Städten eröffnen.

Weihnachten naht. Morgen haben wir schon den ersten Advent. An diesem Tag zündet man am Adventskranz eine Kerze an. Nur eine. Obwohl der Adventskranz vier Kerzen hat. Das heißt früher, als der Adventskranz erfunden wurde, hatte er noch 24 Kerzen: Eine für jeden Tag bis Weihnachten. So ein Kranz war natürlich ziemlich groß. Und da die meisten Leute dafür nicht genug Platz hatten, machten sie sich Kränze mit nur vier Kerzen: Eine Kerze für jeden Sonntag bis Weihnachten. Das hat Opa mir erzählt, als ich noch klein war.

Gerne würde ich morgen auch eine Kerze am Adventskranz anzünden, so wie es sich gehört. Das Problem ist nur, dass ich keinen Adventskranz habe. Früher haben Opa und ich immer zusammen einen gebastelt. Mit vielen frischen grünen Tannenzweigen, die wir von unseren Waldspaziergängen mitgebracht haben. Jetzt gibt es keine Waldspaziergänge mehr, und auch kein gemeinsames Basteln. Irgendwie ist jetzt eben alles anders. Niemand ist da, der rechtzeitig daran denkt, einen Weihnachtskranz anzufertigen. Niemand ist da, der Dekorationszeug besorgt hat. Und niemand ist da, der den fertigen Adventskranz mit Haarspray einsprühen könnte, so wie Mama es hinterher immer gemacht hat. Alles ist anders.

Trotzdem. Auch wenn niemand da ist, will ich einen Adventskranz haben. Am ersten Advent muss man eine Kerze anmachen. Das war schon immer so und muss auch so bleiben. Wer weiß, was alles passieren kann, wenn man so eine Tradition nicht einhält? Das will ich lieber nicht riskieren.

Aber wo kriege ich jetzt so schnell einen Adventskranz her? Kaufen gilt nicht. Ein Adventskranz *muss* gebastelt werden. Und dafür brauche ich entsprechendes Material. Also auf in den Supermarkt. Im Supermarkt hatten sie noch ein letztes Paket mit vier roten Kerzen, dann fand ich noch rotes Schleifenband, goldene Nüsse und vier Sterne aus Stroh.

Jetzt fehlte nur noch ein Rohling für den Kranz. Und da hatte ich wieder Glück, ein letzter Styroporkranz war noch da. Eine Rolle Draht nahm ich auch mit. Damit würde ich alles am Kranz befestigen können.

19 Advent, Advent: Coline bereitet sich auf Weihnachten vor

Womit jetzt aber den Kranz binden? Tannenzweigen hatte ich keine. Da kam mir die beste Idee, seit es Adventskränze gibt: Ich nehme einfach Moos! Moos ist immer gut, immer grün und passt zu allem. Und das Beste ist: Moos gibt es überall, selbst im Winter in einer Stadt. Ich wusste auch genau, wo ich das schönste Moos der Stadt herbekommen würde: Im Stadtpark. Ich nahm mir meinen Einkaufskorb und marschierte los. Im Park kratzte ich das Moos vom schattigen Boden unter den großen, mächtigen Bäumen. Ich puhlte es aus den Fugen zwischen den Pflastersteinen des Gehwegs. Ich schälte es von den Resten halb vermoderten Holzes, das zwischen gefällten Bäumen umherlag. Da sprach mich eine Frau an:

»Warum machen Sie das ganze Moos weg? Das sieht doch so hübsch aus.«
»Ich brauche es.«
»Wofür brachen Sie denn so viel Moos?«
»Na, für meinen Adventskranz. Ich mache einen Adventskranz aus Moos.«
Die Frau sah mich an und legte dabei ihre Stirn in Falten.
»Na, davon hab ich ja noch nie gehört. Ist es denn überhaupt erlaubt, aus unserem Stadtpark Moos zu mitnehmen?«
Ich zögerte. Ob es erlaubt war, wusste ich nicht.

»Es ist auf jeden Fall nicht verboten«, sagte ich. »Sonst müsste hier ein Schild stehen: Moos pflücken verboten.«
Die Frau zuckt mit den Schultern und ging endlich weiter. Glück gehabt.
Zu Hause legte ich das Moos zum Trocknen auf meine Heizung. Danach befestigte ich es mit dem Draht und mit Hilfe meiner Heißklebepistole an dem Styroporkranz. Ich begutachtete mein Werk. Der Mooskranz sah richtig hübsch aus. Jetzt klebte ich noch die Kerzen mit der Heißklebepistole an und verzierte den Kranz mit den goldenen Nüssen, dem Schleifenband und den Strohsternen aus dem Supermarkt. Fertig. So einen tollen Adventskranz hatte sonst niemand.
Draußen war es mittlerweile dunkel geworden. Ich sah zum Fenster raus, wo mir die Apotheke, das kleine Spielwarengeschäft und der Buchladen von gegenüber bunt erleuchtet entgegen blinzelten. Überall liefen Menschen herum,

19 Advent, Advent: Coline bereitet sich auf Weihnachten vor

Menschen, die voll bepackt mit schweren Taschen von einem Geschäft zum anderen hetzten. Dazwischen waren einige Kinder, die meisten an der Hand von einer Frau, wobei es sich bei den Frauen wahrscheinlich um die Mütter handelte. So genau kann man das aber nie wissen. Es könnte ja auch eine Tante sein oder die Oma oder ein Aupair-Mädchen oder wer weiß wer. Man kann sich nie sicher sein. Alles kann so sein, aber auch ganz anders.

Nur eins ist sicher: Weihnachten kommt. Alle Menschen bereiten sich darauf vor, essen schon seit August Weihnachtssüßigkeiten, schmücken und dekorieren im Wettstreit ihre Häuser und laufen von einem Geschäft zum anderen, um Weihnachtsgeschenke zu besorgen. Ich hatte noch gar keine Weihnachtsgeschenke besorgt. Warum auch? Opa hatte sowieso alles, was er braucht, und Mama sagt, dass sie sich nichts wünsche und dass ich ihr auch nichts zu schenken brauche. In den letzten Jahren hatte ich ihr trotzdem immer was geschenkt. Weil Opa das wollte. Er war mit mir einkaufen gegangen und wir haben zusammen etwas ausgesucht. Das heißt, Opa hat ausgesucht und ich habe ihm gesagt, warum gerade dieses Geschenk überhaupt nicht infrage kommt. Opa ist nämlich manchmal richtig dumm und schenkt Sachen, die total überflüssig sind. Zum Beispiel kam er einmal mit einem Stapel Handtücher an. Ich schüttelte den Kopf:

»Opi, wie haben doch schon den ganzen Schrank voller Handtücher. Wir brauchen keine mehr.«

»Deine Mutter würde sich aber bestimmt über ein paar neue freuen. Die alten sind doch schon ganz zerschlissen.«

»Gar nicht wahr! Die alten sind wunderschön. Und überhaupt, was soll denn mit ihnen passieren, wenn wir Mama neue schenken? Sollen die etwas weggeworfen werden? Das geht gar nicht!«

Opa versuchte es danach noch mit einem Waffeleisen (»Ich mag nur Crêpes. Waffeln sind doof«), mit einem Kerzenset (»Nee, Opi, Kerzen sind nutzlos. Sie stehen nur rum und brennen ab.«) und mit einem Parfüm. Beim Parfüm wich ich ein paar Schritte zurück. »Opi, das stinkt ja grauenvoll. Weg damit.« Schließlich war ich einverstanden, als Opa zwei Bücher brachte. Bücher sind immer gut. Auch wenn Mama eh nie in einem liest. Trotzdem. Bücher sind eine Anschaffung fürs Leben. Sie nerven nicht, sie sind immer da, wenn man sie braucht und unterhalten einen, wenn man mal – was bei mir so gut wie nie vorkommt – Langeweile hat.

Dieses Schenken ist im Grunde überflüssig. Man kauft Sachen, die der andere nicht gebrauchen kann, und bekommt Dinge, die man nie haben wollte. Trotzdem sind Geschenke ganz wichtig zu Weihnachten. Ich glaube, dass sie wichtiger sind als das Häuserschmücken, das Plätzchen backen und das Weihnachtskranzbasteln zusammen. Kinder schreiben schon ganz früh im Jahr einen Wunschzettel an den Weihnachtsmann. Ich habe das nie gemacht. Ich habe mir das mal logisch überlegt: Der Weihnachtsmann *kann* gar nicht allen Kindern die Geschenke bringen. Er müsste dann nämlich einen Berg, der bestimmt mindestens so groß ist wie die Zugspitze, in seinen Weihnachtssack stopfen. Und das geht nun wirklich nicht. Er würde auch Jahre brauchen, die Geschenke einzupacken. Und wo sollte er sie überhaupt hernehmen? Wie kann eine einzige

Person alleine so viel einkaufen gehen? Und wo soll der Weihnachtsmann das viele Geld hernehmen? Und die wichtigste Frage ist und bleibt: Warum sollte der Weihnachtsmann das überhaupt machen? Warum sollte er wildfremden Menschen Geschenke bringen? Und warum sollte er ausgerechnet jene auslassen, die zum Beispiel in Afrika leben, furchtbar arm sind und wirklich alles gebrauchen könnten? Nee, diese ganze Sache mit dem Weihnachtsmann ist so was von unlogisch, das kann nur gelogen sein. Und daher habe ich auch nie einen Wunschzettel an den Weihnachtsmann geschrieben. Bekommen habe ich trotzdem immer etwas. Und warum das so ist, das ist ein Geheimnis, das ich mit zwölf Jahren gelöst habe. Es ist so, dass keinem Kind der Weihnachtsmann etwas bringt, sondern die Eltern und andere Familienmitglieder. Bei mir also Opa und Mama. Sie haben meine Geschenke gekauft, eingepackt und unter den Weihnachtsbaum gelegt. Daher war auch in Mamas Kleiderschrank Geschenkpapier versteckt gewesen und daher hat mich Opa die Tage vor Weihnachten nie in sein Zimmer gelassen. Dort lagen nämlich all meine Geschenke rum.

Über eins aber wundere ich mich, liebes Tagebuch: Warum tun Eltern, Großeltern und andere Leute bloß so, als würde es einen Weihnachtsmann geben? Warum lügen sie die Kinder an? Lügen ist doch gemein und verboten! Besonders, wenn es um so wichtige Fragen geht. Die Kinder bekommen doch eine völlige falsche Vorstellung davon, wie lang es dauert, Geschenke einzupacken, wenn sie ernsthaft glauben sollen, dass der Weihnachtsmann hunderttausende Geschenke in einer Stunde schafft. Also, ich finde das unverantwortlich. Daher erkläre ich allen kleinen Kindern, die im Kaufhaus oder sonst wo erzählen, was sie sich vom Weihnachtsmann wünschen, dass es den Weihnachtsmann gar nicht gibt. Leider waren die Eltern für meine Hilfe noch nie dankbar. Wahrscheinlich macht es ihnen sogar Spaß, die armen Kinder so fies zu belügen. Und da heißt es immer, dass Eltern nur das Beste für ihr Kind wollen.

Liebes Tagebuch, heute war bereits der zweite Advent und die zweite Kerze auf meinem Mooskranz brannte. Es sah hübsch aus. Zwar irgendwie anders als die Kränze, die wir sonst immer hatten, aber hübsch. Es war eben ein Coline-Adventskranz. Ein Adventkranz, den sonst niemand hat.

So schön der Adventskranz war, so doof war es am letzten Freitag in der Universität gewesen. Die Semestersprecherin fragte, ob wir Wichteln wollen. Wichteln ist etwas ganz albernes. Jeder schreibt seinen Namen auf einen Zettel, dann werden die Zettel in einem Glas vermischt und man zieht ein Zettelchen heraus. Der Person, dessen Namen man gezogen hat, MUSS man ein Geschenk zu Weihnachten machen. Auch, wenn man denjenigen gar nicht mag oder noch nicht mal kennt.

»Wichteln ist doch blöd!«, rief ich.

Leider waren die anderen Studenten anderer Meinung und entschieden, dass sie Wichteln wollen.

»Was ist nun, Coline?«, fragte Simone. »Willst du auch mitmachen, oder nicht?«

Eigentlich wollte ich nicht mitmachen. Ich hatte keine Lust, für IRGENDjemanden Geld auszugeben. Andererseits – ich wollte Opa und Mama doch zeigen, wie gut ich im Semester zurechtkomme und wie beliebt ich sein kann. Also musste ich an diesem Wichteln teilnehmen. Denn sonst würde ich nie beliebt sein. Um beliebt zu sein, muss man nämlich bei möglichst vielen Sachen mitmachen. Ganz egal, wie doof sie sind.

Also musste ich einen Namen ziehen. Und als hätte ich es geahnt, zog ich keines der netten Mädchen, sondern einen Christian. Erst dachte ich, dass das ein Versehen sein müsse, denn einen Christian kannte ich gar nicht. Dann hörte ich, wie Simone einen langen dürren Typ mit »Christian« ansprach. Oh weh, oh weh. Diesem Typ mit dem fettigen schwarzen Haar und den Glupschaugen sollte ich etwas schenken? Etwas schenken, dass auch noch ganze fünf Euro kosten sollte? Auch wenn es mir gar nicht gefiel, diesem Christan etwas zu schenken, hatte ich keine andere Wahl. So waren schließlich die Regeln von diesem Wichtel-Schrott, und daran musste sich jeder halten. Auch wenn es keine ganz so wichtige Regeln sind, wie etwa die, dass man bei rot nicht über die Straße gehen darf.

Früher hätte ich Opa gefragt, ob er ein Geschenk besorgt. Opa ist ja auch ein Mann, der hätte bestimmt gewusst, was so ein Christian alles gebrauchen kann. Jetzt aber wollte ich Opa nicht fragen. Das gehört sich nicht, wenn man erwachsen ist.

Ich überlegte, was man so schenken könnte und was nicht zu teuer war. Opa hatte Mama mal einen ganzen Korb voller Seife geschenkt. Mama hatte sich riesig gefreut und immer wieder an dem intensiv duftenden Zeug gerochen. Seife war also ein gutes Geschenk. Und das Beste: Sie war richtig billig! Ich kaufte im Supermarkt zehn Stück Seife für je 49 Cent. Auf dem Sperrmüll zwei Woche später entdeckte ich dann noch eine ausrangierte Obstschale aus geflochtenem Bast. Die Obstschale nahm ich mit, legte die nackten Seifenstücke hinein und wickelte das ganze in Geschenkpapier, das ich zuvor in der Drogerie mitgenommen hatte. Dort hängen nämlich große Rollen mit Geschenkpapier gleich neben dem Eingang und jeder kann sich einfach so bedienen.

Am letzten Tag vor den Weihnachtsferien gingen in unserem BioSeminar Teller mit Keksen rum, Kerzen standen auf dem Tisch und auf dem Pult vorne lagen die Wichtelgeschenke. Auf jedem Geschenk stand ein Name. Am Ende der Stunde sangen wir zusammen mit dem Dozenten »Stille Nacht« und liefen dann alle nach vorne, um unser Geschenk in Empfang zu nehmen. Ich riss schnell das Papier auf. Und was hatte ich bekommen? Ein großes Glas-Gummibärchen in grün.

»Was soll ich denn damit machen?«, rief ich.

»Na, in ein Regal stellen. Das sieht doch voll cool aus«, sagte Simone. Sie hatte es gut und ein Blumenbuch für die Hosentasche bekommen.

Ich sah mir das grüne Glas-Dings an. So etwas sollte cool sein? Und im Regal war dafür eh kein Platz. Da standen schon meine Bücher und vor die Bücher konnte ich es unmöglich stellen, da sonst das grüne Unikum immer im Weg stehen würde, wenn ich ein Buch rausnehmen wollte. So ein Glas-Gummibärchen war nur eins: überflüssig. Da ich aber wusste, dass Mama sich oft über überflüssige Sachen freut, beschloss ich, das Glasteil ihr zu schenken.

Ich schaute zu Christan. Er hatte gerade mein Geschenk ausgepackt und guckte den Korb mit Seife an. Bestimmt freute er sich, dass er so etwas Nützliches bekommen hatte.

»Was soll denn das? Das ist ja Müll!«, rief dann aber dieser undankbare Mensch.

»Gar nicht wahr«, schrie ich. »Nur der Korb ist vom Müll. Der Rest ist gute, frische Seife.«

»Soll das etwas heißen, dass ich stinke?«

Das war mir noch gar nicht aufgefallen. Aber bestimmt stank dieser Christian. Eigentlich stinken die meisten Männer.

»Mit der Seife kannst du dich jedenfalls waschen. Dann brauchst du dir auch keine Sorgen mehr zu machen, dass du stinkst. Wichtig ist aber, dass man sich regelmäßig wäscht. Sagt Mama. Und dass man danach Deo nimmt.«

Da fiel mir ein, dass ich ihm eigentlich noch ein Deo hätte schenken sollen und dafür ein paar Seifenstücke hätte weglassen können. Das wäre dann ein richtig gutes, komplettes Geschenk gewesen. Na ja, fürs nächste Mal würde ich es mir merken. Erst mal nahm ich jetzt mein Glas-Gummibärchen und ging nach Hause.

Den Rest der Weihnachtsfeier ersparte ich mir. Ich hatte für heute genug geleistet. Ich hatte ein Wichtelgeschenk abgeliefert. Das reicht für einen Tag, findest du nicht auch, liebes Tagebuch?

Weihnachten: Warum Traditionen so wichtig sind

Zu Weihnachten gehören bestimmte Traditionen. Diese sind von Land zu Land und auch von Familie zu Familie unterschiedlich. Ob das gemeinsame Adventsbasteln, Plätzchen backen, Haus und Garten dekorieren oder vermehrte Besuche von Gottesdiensten, das gemeinsame Singen von Liedern ebenso wie das Lauschen wunderbarer Geschichten – die Weihnachtszeit ist ohne solche alljährlichen Rituale und in Jahrhunderten entstandenen und weitergegebenen Traditionen kaum denkbar.

In vielen Familien ist es auch Brauch, den Kindern zu erzählen, dass ihnen der Weihnachtsmann oder das Christkind die Geschenke bringt. Für die Kleinen kann dieser Glaube wunderschön und sehr wichtig sein. Für sie ist es eine tolle Sache, an den Weihnachtsmann/das Christkind zu glauben und macht für sie Weihnachten zu etwas sehr Geheimnisvollen und Wunderbaren. Spätestens im Kindergarten ahnen die meisten Kinder aber, dass in Wirklichkeit die Eltern, Großeltern und andere Familienmitglieder hinter den Geschenken stecken. Ganz sicher sind sich die meisten aber noch nicht und viele bewahren sich diesen letzten Rest Unsicherheit nur zu gerne.

Weihnachten ist eben eine Zeit zum Träumen, zum besinnlichen Miteinander und Innehalten. Dazu laden viele der Weihnachtstraditionen ein. Schon allein deshalb sind sie so wertvoll.

Checkliste: Tipps für gute Geschenke

Geschenke sind ein heikles Thema. Sie sollen dem Beschenkten möglichst gut gefallen, eine Überraschung sein und sich meistens auch in einem bestimmten finanziellen Rahmen bewegen. Das ideale Geschenk zu finden, gelingt jedoch nur selten. Wenig falsch machen kann man in der Regel mit diesen Geschenken:

- Einen Gutschein schenken. Gutscheine von Online-Shops wie Amazon, aus Kaufhäusern oder kleinen Läden kann jeder gebrauchen. Persönlicher sind selbst gebastelte Gutscheine zum Beispiel für ein gemeinsames Abendessen oder eine gemeinsame Unternehmung.
- Zeit schenken: Gemeinsam spazieren gehen, im Haushalt helfen oder einfach nur zuhören. Wer etwas gut kann, kann dem anderen auch diese Fähigkeit zur Verfügung stellen und ihm zum Beispiel eine Internetseite gestalten oder im Garten helfen.
- Am Hobby orientieren: Der andere ist Fan einer bestimmten Krimi-Reihe? Er liebt Wein oder ausgefallene Kerzen? Wer sich über die Interessen des anderen informiert, bekommt oft eine gute Idee für ein geeignetes Geschenk.
- Am einfachsten und einfallslosesten: Den anderen fragen, was er sich wünscht und das Geschenk zusammen einkaufen gehen bzw. den anderen bitten, es zu besorgen. Der Überraschungseffekt ist dann zwar weg, aber zumindest ist das Geschenk das richtige.

Vermeiden sollte man:

- Etwas weiterschenken, was man selbst einmal geschenkt bekommen hat und nicht gebrauchen kann (peinlich, wenn es bemerkt wird).
- Etwas schenken, das man sich selbst wünscht, der andere aber eher nicht gebrauchen kann.
- Standardgeschenke wie eine Krawatte für den Vater und Topflappen für die Mutter schenken. Zu einfallslos.

Hilfreiche Links im Internet: Traditionen und Bräuche rund um eine der schönsten Zeiten im Jahr

weltweit:
https://www.kindersache.de/bereiche/wissen/andere-laender/weihnachten-weltweit
Weihnachten

Basteln zu Weihnachten:
https://www.bastelideen.info/html/weihnachtsbasteleien.html

Backrezepte für Weihnachten:
https://www.chefkoch.de/rs/s0/weihnachtsbäckerei/Rezepte.html

Eine Reihe schöner Seiten zu Weihnachten:
www.lehrer-online.de/linktipps-weihnachten.php

20 Coline ist krank

Liebes Tagebuch,

neulich wollte ich morgens aufstehen und kam kaum aus dem Bett raus. Mir tat alles weh, mein Kopf glühte und mein Hals schmerzte. Was war los? Ich versuchte es zu ignorieren. Doch das klappte nicht. Noch nicht mal Frühstückmachen wollte gelingen, da mir ständig schwarz vor Augen wurde. Hunger hatte ich auch keinen. Ich nahm kraftlos meinen Rucksack und ging zur Bushaltestelle, um zum Institut zu fahren.

»Hallo, Coline«, rief Maria aus meinem Semester, die auch immer an dieser Bushaltestelle auf den Bus wartet.

»Hallo, Maria«, wollte ich sagen, doch aus meinem Mund kam kein Wort. Die Stimme war weg!

»Coline, du siehst ja fürchterlich aus«, sagte Maria.

Wie unverschämt war denn das? Ich hätte Maria am liebsten eine passende Antwort gegeben, von wegen, sie mit ihrem eklig roten Pullover sah auch nicht besser aus. Doch ohne Stimme kann man nichts sagen, so sehr man auch möchte. Und Maria einfach vors Schienbein treten zur Strafe, weil sie mich beleidigt hatte, ging auch nicht. Das tut man nicht. Das habe ich mittlerweile gelernt. Manchmal ist es aber ganz schön schwer, sich daran zu halten.

»Willst du nicht lieber nach Hause gehen?«, fragte Maria.

Ich probierte gar nicht erst, etwas zu sagen, sondern tippte mir an die Stirn. Das bedeutete, dass ich die Idee total bescheuert fand. Wo stand geschrieben, dass man hässlich nicht zur Universität gehen darf? Und überhaupt – nur weil Maria mein Aussehen fürchterlich fand, hieß das noch lange nicht, dass ich wirklich hässlich war.

Ich musste heftig husten.

»Du solltest zum Arzt gehen, Coline, im Ernst. Du glühst ja.«

Bevor ich meinen schweren Kopf wegdrehen konnte, hatte Maria mir schon auf die Stirn gepatscht.

»Coline, du hast Fieber. Geh nach Hause.«

Der Bus kam. Ich stieg ein. Drinnen wurde mir schwarz vor Augen und ich kippte gegen den Jungen, der vor mir stand.

Maria sah mich an. Sie sagte nichts. Ich gab auf. Es ging heute einfach nicht. Mein Körper wollte nicht.

Mit letzter Kraft stolperte ich nach Hause. Es fühlte sich mies an, wie eine Niederlage. Mein Körper hatte mich im Stich gelassen und verraten.

Zu Hause legte ich mich weinend aufs Bett. Was jetzt? Was sollte ich bloß tun? Ich war krank, so viel war klar, und leugnen war zwecklos. Doch wie sollte es jetzt weitergehen?

Maria hatte gesagt, ich müsse zum Arzt gehen. Ich wollte aber nicht zum Arzt gehen. Ein Arzt fasst einen an. Das mag ich nicht. Außerdem hatte ich keine Ahnung, wo hier der nächste Arzt ist.

Ich hätte jetzt gerne Mama angerufen. Oder Opa. Aber wie – ohne Stimme?

Ich überlegte, ob ich eine E-Mail schreiben sollte. Aber dazu hätte ich vom Bett aufstehen und zum Schreibtisch gehen müssen. Ich konnte nicht. Also blieb ich liegen.

Ich wickelte mich ganz eng in die Bettdecke ein. Ich fror immer noch. Zitterattacken überkamen mich und meine Zähne klapperten wie verrückt. War etwa die Heizung kaputt? Ich fuhr eine Hand aus und fasste an die Heizung. Nein. Sie glühte wie immer.

Dann lag es wohl an mir. Fieber. Ich hatte tatsächlich Fieber. Und die Schüttelkrankheit.

Was macht man gegen Fieber? Wadenwickel. Das wusste ich von Mama. Aber auch dazu muss man aufstehen. Ich konnte aber nicht aufstehen. Ich fühlte mich einsam. Warum war Mama nicht da?

Nein, Coline, schalt ich mich. Wir brauchen keine Mama. Wir schaffen das auch alleine.

Wenn ich mich einsam fühle, spreche ich oft zu mir als »wir«. Dann fühle ich mich stärker und nicht mehr ganz so allein. Auch diesmal half es. Ich atmete tief durch und stand auf. Als erstes setzte ich Wasser auf, dann ging ich ins Badezimmer und machte Handtücher für die Wadenwickel nass. Als der Wasserkocher das Wasser zum Sieden gebracht hatte, brühte ich mir einen Tee auf. Ich stellte mir die Teekanne mit einer Tasse ans Bett, nahm mir ein Buch, das ich griffbereit neben das Kopfkissen legte, und versuchte dann, die Tücher um meine Waden zu wickeln. Das war gar nicht so einfach. Aber irgendwie schaffte ich es, die Handtücher mehr oder weniger ordentlich um meine Beine zu legen.

Danach war ich so erschöpft, dass ich erst mal einschlief. Ich wurde von einem Klopfen an die Tür wach. Als ich die Augen aufschlug, ging es mir noch schlechter, als vor dem Schlafen. Als es wieder an die Tür klopfte, versuchte ich noch mal, zu sprechen. Diesmal kam ein Krächzen raus, »Ja?«, fragte ich.

»Ich bin es, Frau Stolze-Schubert. Frau Meier, ich habe mir Sorgen gemacht. Sie sind heute so schnell zurückgekommen von der Universität. Oder waren Sie gar nicht weg? Ist denn alles in Ordnung bei Ihnen?«

»Nein, nichts ist in Ordnung. Ich bin krank«', krächzte ich mit einer fürchterlichen Stimme, die sich wie die einer ganz alten Frau anhörte.

»Das dachte ich mir. Und das hört man! Bestimmt diese Grippe.

Waren Sie schon beim Arzt?«

»Nein«, sagte meine Kratzstimme.

»Soll ich einen Arzt kommen lassen? Mit so einer Grippe ist nicht zu spaßen.«

20 Coline ist krank

Ich habe keine Grippe, hätte ich am liebsten gesagt. Aber woher sollte ich das wissen? Wenn Frau Stolze-Schubert sagte, dass ich eine Grippe hätte, würde es wohl stimmen.

»Ich rufe Doktor Blecher an.«

Ich hätte am liebsten wieder »Nein!« geschrieen. Aber aus meinem Hals kam kein verständlicher Laut mehr, nur noch ein Kratzen. Frau Stolze-Schubert ging weg. Ich lag da, hatte Angst und weinte leise vor mich hin. Eine halbe Stunde später klopfte es erneut an meine Tür.

»Guten Tag, hier ist Doktor Blecher. Darf ich reinkommen?«

Ich erhob mich ächzend und ging zur Tür, um den Schlüssel umzudrehen. Der Arzt sah mich an, lächelte und gab mir zum Glück nicht die Hand. Ich trat einige Schritte zurück, erst mal, um ihn reinzulassen und dann auch, damit das Bett näher kam, in das ich mich fallen lassen könnte, falls die Beine nachgaben.

»Legen Sie sich ruhig wieder hin«, sagte der Arzt. Ich gehorchte, weil ich wirklich kaum stehen konnte.

Dann nahm er sich einen Stuhl und setzte sich zu mir ans Bett.

»Was fehlt Ihnen denn?«

»Nichts. Ich habe sogar etwas zu viel. Die Krankheit«, flüsterte ich krächzend. Der Doktor schmunzelte.

»Wie äußert sich denn die Krankheit? Was für Symptome haben Sie?«

»Mir tut der ganze Körper weh. Ich hab Fieber und kaum eine Stimme. Und Husten«, flüsterte ich.

»Hört sich nach der Grippe an. Sie sind der achte Fall heute. Machen Sie mal den Mund auf.«

Der Arzt steckte mir einen Stab mit Watte in den Mund und kratzte etwas von meinem Gaumen ab. Dann steckte er das Stäbchen in eine Plastikhülle.

»Wir untersuchen den Abstrich im Labor, um festzustellen, ob es wirklich die Grippe ist. Bis dahin verordne ich Ihnen Bettruhe, viel trinken und schlafen.«

»Ich muss zur Uni. Ich muss lernen.«

»Nein, das müssen Sie die nächsten Tage ganz bestimmt nicht. Ich schreibe Sie krank.«

»Nein, bitte nicht! Ich muss arbeiten, ich muss studieren. Ich muss ins Labor.«

»Sie müssen vor allem gesund werden.«

Ich weinte. Ich wollte nicht krank sein. Ich wollte nicht die ganze Zeit hier tatenlos im Bett liegen. Ich musste doch arbeiten!

Der Arzt kannte aber keine Gnade. Er verbot mir tatsächlich, zur Uni zu gehen und legte einen Zettel auf meinen Nachttisch, auf dem stand, dass Coline Meier krank und daher nicht arbeitsfähig sei.

Am Abend klingelte das Telefon. Ich wusste gleich, wer es ist: Mama. Das war auch nicht schwer zu erraten. Mama hatte heute keine E-Mail von mir bekommen und machte sich Sorgen. Ich zwang mich aus dem Bett, angelte mir mein Handy und ließ mich wieder zurück ins Bett plumpsen.

»Hallo, Mama«, krächzte ich.

»Hallo, Coline. Alles klar?«

»Nein«, flüsterte ich.

»Bist du krank, mein armes Schätzchen? Du kannst ja kaum sprechen!«
»Krank, ja.«
»Oh. Schlimm?«
»Ja.«
»Was hast du denn, mein Schätzchen?«
Ich hatte keine Lust, wieder über alles nachzudenken, was mit mir nicht stimmte und behauptete einfach »Grippe«, obwohl das ja noch nicht bewiesen war.
»Du musst zum Arzt!«
»War ich schon.«
»Coline, wirklich, freiwillig beim Arzt?«
»Nein. Der Arzt war hier. Ich kann nicht aufstehen. Und jetzt darf ich erst recht nicht mehr aufstehen. Hat der Arzt gesagt.«
»Coline, ich mache mir Sorgen. Kann ich etwas für dich tun?«
»Du hättest mir Wadenwickel machen können. Das hab ich aber auch alleine geschafft.«
Meine Stimme war kaum noch hörbar.
»Coline, ich versteh dich nicht.«
»Stimme weg«, sagte ich, so deutlich es ging, ins Telefon.
»Dann gute Besserung, mein Schätzchen. Und lass es dir gut gehen. Pass gut auf dich auf, ja?«
Mama legte auf.
Ich sah das Handy an, als sei es Mama und weinte. Warum war sie jetzt nicht da? Warum machte sie mir keine heiße Zitrone oder zumindest einen neuen Tee? So wie früher, als die kleine Coline krank war, nicht zur Schule gehen durfte und dafür den ganzen Tag unten auf dem Sofa lag, Fernsehen guckte und Comics las?
Ich weinte, bis ich irgendwann einschlief. Als ich wieder wach wurde, war es dunkel. 23 Uhr.
Ich kochte mir neuen Tee und schlief wieder ein.
Als ich wach wurde, war es wieder durch ein Klopfen an die Tür. Der Arzt? Frau Stolze-Schubert?
Nein.
»Hallo, Coline. Ich bin es!«, rief Mama durch die Tür.
»Mama«, flüsterte ich. Ich schleppte mich zur Tür, ließ Mama rein und legte mich gleich wieder ins Bett. Mama lächelte mich an.
»Ich hab heute Morgen gleich den ersten Zug genommen. Wenn meine Coline krank ist, muss ich doch da sein.«
Mama war ganz lieb. Sie kochte mir Tee, machte mir neue Wadenwickel, holte mir alle Bücher, die ich haben wollte, und stellte mir schließlich sogar den Laptop auf den Bauch, so dass ich im Bett liegend ins Internet konnte.
Gegen Mittag klingelte das Telefon.
Mama ging an den Apparat. Es war der Doktor.
Mama sprach mit ihm, sagte immer nur »Ja, ja«, »Machen wir«, und dann »Vielen Dank, auch, Auf Wiedersehen.«

»Und? Was ist?«, fragte ich. Ich war beim Zuhören ganz nervös geworden. Es ging schließlich um mich! Was war los?

»Die Grippe, Colinchen. Dich hat es erwischt.«

»Und jetzt?«

»Das dauert jetzt seine Zeit. Der Arzt hat dir ein paar Medikamente aufgeschrieben. Ich gehe jetzt zur Praxis das Rezept holen und dann besorge ich die Medikamente. Kann ich dir denn etwas mitbringen? Etwas Leckeres zum Essen?«

Ich hatte keinen Hunger.

Mama brachte trotzdem einiges mit: Schokolade, warme Brötchen, Äpfel und Apfelsinnen. Ich ließ mir von ihr einen Apfel aufschneiden. Äpfel kann man immer essen.

Liebes Tagebuch, mir geht es jetzt schon viel besser. Gleich werde ich den ersten Löffel von dem neuen Hustensaft einnehmen. Dann wird es mir noch etwas besser gehen. Aber, liebes Tagebuch, etwas wundert mich: Warum hat Mama vom Arzt ein Rezept bekommen? Er ist doch schließlich ein Arzt und kein Koch. Komisch. Vielleicht will der Arzt, dass Mama mir eine Hühnersuppe kocht? Opa sagt, Hühnersuppe sei die beste Medizin, wenn man krank sei. Ja, so muss es sein. Also muss Mama gleich noch mal los und zwar ein Hühnchen einkaufen. Das hat sie nämlich vergessen.

Bei Kranksein: Arzt

Arztbesuche sind bei den meisten Menschen gefürchtete Termine. Für viele Autisten sind sie besonders unangenehm. Sie mögen es nicht, angefasst zu werden, manche können es sogar überhaupt nicht ertragen und reagieren darauf höchst aggressiv. Ein weiteres Problem für Menschen mit Autismus kann sein, dem Arzt zu vermitteln, unter welchen Beschwerden sie leiden. Viele Autisten haben nicht genug Körperempfinden, um die eigenen Symptome wahrzunehmen und zu beschreiben. Sie spüren nicht, wo genau der Bauch weh tut, manche nehmen Schmerzen so gut wie gar nicht wahr. Weiterhin kann ein Arzt mit seiner oft schnellen und hektischen Art und den vielen medizinischen Fachausdrücken Angst machen. Autisten, die in der Regel sowieso schon etwas länger brauchen, bis sie etwas verstehen, sind damit überfordert und fühlen sich diesem »Ärztelatein« ausgeliefert.

Doch schon beim Warten im Wartezimmer kann die Qual für viele Menschen mit Autismus anfangen. Warten an sich ist für sie schon schlimm und noch weniger erträglich, wenn es ihnen nicht gut geht.

Trotz aller Ärgernisse sind Arztbesuche oft notwendig. Nicht nur, wenn man krank ist, auch für Impfungen oder Vorsorgeuntersuchungen stehen Termine beim Doktor an.

Wie aber kann man diese Termine für Menschen mit Autismus angenehmer gestalten? Eine Möglichkeit ist es, den Arzt zu bitten, den Patienten oder die Patientin zu Hause zu besuchen. Weist man auf die besonderen Umstände der Autismus-Diagnose hin, ist ein fürsorglicher Arzt dazu bestimmt auch bereit.

Wichtig ist ebenso, dass der Arzt eine möglichst vertraute Bezugsperson ist. Ständige Arztwechsel sind schlecht für Menschen mit Autismus. Für sie bedeutet es Sicherheit, wenn sie genau wissen, in wessen Hände sie sich begeben werden. Um die Angst vor Untersuchungen zu nehmen, sollte der Arzt diese zuerst genau erklären. Darum sollte man ihn wenn nötig ausdrücklich bitten, da Erklärungen sonst dem knappen Zeitbudget zum Opfer fallen können. Hier sollte man sich auch nicht vom Arzt abwiegeln lassen, sondern hartnäckig darauf bestehen, dass man wissen möchte, was mit einem passieren wird. Ebenso hilft bei unbekannten Fachausdrücken nur eins: Nachfragen. Mediziner vergessen oft, dass nicht jedem die Begriffe, die sie täglich verwenden, bekannt sind.

Bei extrem großer Angst vor dem Arzt helfen neben aufklärenden Gesprächen auch sanfte Beruhigungsmittel, Entspannungsübungen und die Gewissheit, dass eine vertraute Begleitperson dabei ist. Manche Ärzte nehmen auch besondere Rücksicht auf ängstliche Patienten und bieten zum Beispiel Behandlungen unter Hypnose an.

Was ist ein Rezept?

Es gibt verschiedene Arten von Rezepten. Das Rezept, das man beim Arzt bekommt, ist eine Verordnung von Arznei- oder Heilmitteln. Es hat seinen Namen vom lateinischen *recipe* »nimm«. Diese Bezeichnung stammt daher, dass der Apotheker früher nach Anweisungen des Arztes Arzneimittel selbst hergestellt hat. Hinter dem recipe stand dann, welche Wirk- und Hilfsstoffe der Apotheker verwenden sollte. Heute gibt es fast nur noch Fertigarzneimittel, die der Apotheker an seine Patienten abgibt. Geblieben ist aber, dass er sich nach wie vor genau an die Anweisungen des Arztes halten muss und wie bei einem Kochrezept die Kochzutaten die aufgeschriebenen Medikamente zusammensuchen muss.

Damit ein Arztrezept gültig ist, müssen darauf neben den verordneten Medikamenten noch andere Angaben stehen, zum Beispiel Name und Anschrift des Arztes, das Datum der Ausfertigung sowie bestimmte Daten des Patienten. Ein Rezept ist nur mit Unterschrift des Arztes und nur eine bestimmte Frist lang gültig.

Hilfreiche Links im Internet: Behinderte und Gesundheitswesen

Barrierefreiheit: Medizinische Versorgung von Menschen mit Autismus:
https://www.aerzteblatt.de/archiv/197500/Barrierefreiheit-Medizinische-Versorgung-von-Menschen-mit-Autismus

Tipps für Arztbesuche:
https://ellasblog.de/tipps-fuer-arztbesuche-von-maria-autistin/

21   Coline kommt auf den Hund

Liebes Tagebuch,

ich habe neulich eine blinde Frau mit einem Hund gesehen. Der Hund war in einem Gestell angebracht und richtig schlau. Er weiß, wann eine Ampel rot ist und wann sein Frauchen über die Straße gehen darf. Er achtet darauf, dass die Frau immer auf dem Bürgersteig geht und nicht gegen ein Hindernis wie einen Mülleimer oder einen Laternenpfahl läuft. Ich fand das so faszinierend, dass ich bei unserer nächsten Sitzung Frau Hilfreich danach gefragt habe.

»Ich habe eine Frau gesehen, die war blind und hatte einen ganz schlauen Hund bei sich.«

»Dann war das wohl ein Blindenhund. Blindenhunde sind speziell ausgebildet, um ihrem blinden Herrchen oder Frauchen im Alltag zu helfen.«

»Toll, dann haben diese Hunde ja einen richtigen Beruf! Und das klappt auch wirklich?«

»Klar. Hunde sind sehr verlässlich. Tiere tun Menschen sowieso gut. Sie werden auch in vielen Therapieformen genutzt.«

Ich musste an das Delfinschwimmen denken, mit dem manchmal autistische Kinder therapiert werden sollen. Ich weiß nicht, ob das den Kindern wirklich hilft. Aber für die Delfine ist das mit Sicherheit nicht schön. Die armen Tiere in den engen Becken tun mir leid.

»Delfinschwimmen ist doof«, sagte ich.

»Es gibt noch viel mehr als Delfinschwimmen. Zum Beispiel therapeutisches Reiten.«

»Reiten würde ich auch mal gerne«, sagte ich.

Ich musste daran denken, dass ich als kleines Kind auf einem Pony geritten bin. Opa hatte das Pony durch einen Wald geführt und es konnte gar nichts passieren. Das Pferd war auch ganz brav und hat immer ganz lieb gewartet, wenn Opa sich nach einem Moospflänzchen gebückt hat, das ich unbedingt haben wollte. Einen Spaziergang zu machen, ohne Moos mitzubringen, geht nämlich auf keinen Fall! Auch nicht, wenn man auf einem Pferd sitzt.

»Vielleicht wäre ja Reiten was für dich«, überlegte Frau Hilfreich.

»Ich hab eine Adresse von einem Reiterhof. Dort könntest du dich mal umsehen. Aber ich muss dich warnen: Reiten ist ein ziemlich kostspieliges Hobby. Es fängt schon bei der Ausrüstung an. Manches kann man ja leihen, aber teuer bleibt es doch.«

»Leihen geht nicht. Dann hatten das ja schon andere Leute vor mir. Das ist eklig.«

Ich ließ mir von Frau Hilfreich die Adresse geben. Zu Hause guckte ich mir die Internetseite von dem Reiterhof an. Es sah sehr nett aus. Viele grüne Weiden, auf denen Pferde in allen Farben und Größen grasten, tobten oder einfach nur herumstanden. Schön.

Ich fuhr am nächsten Wochenende mit dem Bus zu dem Reiterhof. Es sah fast genauso schön aus wie im Internet. Und einsam war es. Niemand war zu sehen. Ich ging über den Hof und sah mich um. Wo waren denn die Pferde? Bestimmt im Stall. Und wo war der Stall? Das war wahrscheinlich das längliche Gebäude an der Seite mit den vielen kleinen Fenstern.

Ich öffnete eine Holztür. Richtig! Hier waren zahlreiche Boxen, die mit Stroh ausgepolstert waren und in denen Pferde standen.

Ich ging zur ersten Box. Dort drin stand ein imposantes, pechschwarzes Pferd. Das Pferd drehte sich zu mir um und sah mich mit großen Pferdeaugen an. Es hatte einen riesigen Kopf und sah richtig gefährlich aus. Ich wich einen Schritt zurück und stieß dabei gegen einen Metalleimer, der am Boden stand.

»Ist da wer?«, rief plötzlich eine Stimme.

»Ja.«

Eine Frau kam hinter einem Heuballen zum Vorschein.

»Guten Tag. Ich bin Christin. Kann ich dir helfen?«

Schade. Ich hätte mich lieber weiter alleine umgeschaut, anstelle mit dieser Frau zu sprechen. Irgendwie fühlte ich mich ertappt.

»Ich möchte reiten«, sagte ich.

»Hast du denn schon mal auf einem Pferd gesessen?«

Ich nickte. Mit Opa damals war es zwar nur ein Pony gewesen, aber Ponys sind auch Pferde.

»Schön. Ein paar Reitstunden solltest du aber schon noch nehmen. Das ist bei uns Pflicht und Voraussetzung. Wenn alles gut klappt, darfst du danach auch irgendwann alleine ausreiten.«

»Wow«, sagte ich. Das hörte sich ja ziemlich gut an.

»Hast du denn an irgendwas besonderes Interesse?«

»Ja, ich möchte therapeutisches Reiten machen.«

»Therapeutisches Reiten? So etwas bieten wir hier nicht an. Hier kannst du Dressur oder Springreiten trainieren. Aber kein therapeutisches Reiten. Wir haben auch gar keinen Therapeuten hier.«

»Oh, den brauchen Sie gar nicht. Das Pferd ist doch der Therapeut.«

Die Frau sah mich an.

»Also, wie gesagt. Reiten kannst du hier, wenn du unseren Einführungskurs machst. Der kostet 500 Euro. Jede weitere Reitstunde 50 Euro.«

»Meinen Sie wirklich Euro? 500 Euro? Das sind ja zwei Wohnungsmieten!«

»Tut mir leid. Das sind unsere Preise.«

»Dann kommen hier aber bestimmt nicht viele Leute hin, wenn sie so teuer sind.«

»Wir haben genug Kunden«, sagte die Frau und zuckte mit den Schultern.

»Ich werde hier bestimmt nicht Kundin«, rief ich und ging.

Am Abend schrieb ich Frau Hilfreich eine E-Mail, in der ich ihr von den hohen Preisen auf dem Reiterhof erzählte. Frau Hilfreich schrieb zurück, dass das wohl normal sei. Weiter hieß es:

»Es muss ja wie gesagt nicht unbedingt ein Pferd sein, Coline, es geht auch eine Nummer kleiner. Denk nur an die Blindenhunde. Es gibt sogar Hunde, die speziell autistische Menschen im Alltag unterstützen. Grundsätzlich kann jedes Tier gut tun und helfen! Oft schon alleine dadurch, dass ihre Besitzer nun eine Aufgabe haben und gebraucht werden.«

Ich las die E-Mail und schlug vor Wut auf die Tastatur. Wie doof von Frau Hilfreich! Als würde ich nicht gebraucht werden! Meine Moose brauchten mich, jawohl.

Später dachte ich doch noch mal über Frau Hilfreichs Worte nach. Irgendwie hatte sie schon Recht. Es wäre bestimmt schön, nicht immer alleine zu sein. Morgens jemanden zu haben, dem man etwas sagen kann. Immer nur Selbstgespräche zu führen ist auf Dauer traurig. Ich spürte, dass ich mich nach etwas Lebendigem in meiner Wohnung sehnte. Nicht nach einem Menschen. Menschen fordern zu viel Zeit, zu viel Raum und zu viel Aufmerksamkeit. Sie haben ständig Ideen, was man machen muss, wollen immerzu und über alles reden und brauchen ständig Gesellschaft. Auf so etwas kann ich gut verzichten. Ich habe auch gar keine Zeit dazu. So ein Mensch bringt doch nur meinen ganzen Plan durcheinander. Aber so ein Tier ist etwas anderes ...

Anstelle noch lange weiter zu überlegen, setzte ich mich am nächsten Tag nach den Vorlesungen in den Bus und fuhr ins Tierheim. Dort gab es herrliche Tiere ohne Ende. Die Hunde waren draußen in Zwingern untergebracht. Zwei, drei Hunde, manchmal auch nur einer, sahen mich hinter kalten Gitterstäben an. Ein bisschen Herzklopfen hatte ich, als ich an den ganz großen Hunden vorbeiging. Einige sahen richtig gefährlich aus. Nee, so einen wollte ich nicht. Er würde eh viel zu viel Platz in meinem Zimmer wegnehmen. Außerdem stinken große Hunde viel mehr als kleine.

Ich ging langsam die Zwingerreihen ab. Dann sah ich in einem der mittleren Käfige einen kleinen, weißen Hund mit drei weißen und einer schwarzen Pfote. Auf der Nasenspitze hatte er einen herzförmigen schwarzen Punkt.

Das war er. Mein Hund.

»Ich möchte diesen Hund mitnehmen«, sagte ich zu einer der Mitarbeiterinnen des Tierheims.

»Unsere Janet?«

»Ja. Darf ich sie rausholen?«

»Moment. Ich muss erst mal was erklären. Wir nehmen für unsere Tiere eine Schutzgebühr. Das sind bei Janet 100 Euro.«

»Was heißt denn Schutzgebühr?«

»Nun, wir wollen sicher gehen, dass es den Hunden auch gut geht. Manche Menschen haben vielleicht vor, sie weiter zu verkaufen an Labore oder so. Wenn wir aber die Interessenten eine Schutzgebühr zahlen lassen, dann können wir recht sicher sein, dass sie wirklich an den Tieren Interesse haben. Außerdem führen wir in den ersten Monaten Kontrollbesuche durch, um zu gucken, wie die Tiere in ihrem neuen Heim leben und behandelt werden.«

»Kontrollbesuche? So etwas mag ich aber gar nicht. Das bringt meinen ganzen Plan durcheinander.«

»Keine Sorge. Wir wollen nichts durcheinander bringen. Wir kommen nur kurz, schauen nach dem Tier und sind wieder weg.«

»Und das muss sein?« Die Frau nickte.

»Also gut. Darf ich Janet jetzt mitnehmen?«

»Haben Sie denn Erfahrung mit Hunden?«

Ich überlegte. Mamas Tante Erna hatte drei große Hunde. Die durfte ich einmal sogar streicheln. Das war eine Erfahrung mit Hunden. Ich sagte also »ja«.

»Schön. Haben Sie schon Ausrüstung besorgt? Schlafkörbchen, Futternäpfe, Leine ... ?«

»Oh. Das muss ich noch kaufen. Ist das sehr teuer?«

»Na ja, es kostet natürlich schon etwas. Ich kann Ihnen aber einiges gebraucht verkaufen. Das ist billiger.«

Ich überlegte. Gebrauchtes fand ich zwar unhygienisch, aber neu war bestimmt zu teuer. Wo doch Janet schon 100 Euro kostete ... Ich hatte also keine Wahl, wenn ich Janet haben wollte.

Als ich später an der Bushaltestelle stand, war ich schwer bepackt. In einer riesigen Tüte hatte ich alles Mögliche an Zubehör für Janet, in einer zweiten Tüte Futter und in der anderen Hand hielt ich eine Leine. Am anderen Ende der Leine saß Janet am Boden und wartete mit mir zusammen auf den Bus. Es war ein wundervolles Gefühl. Endlich war ich nicht mehr alleine. Endlich guckten nicht mehr alle Leute auf mich, weil sie sich zu zweit oder dritt amüsierten und ich wie immer niemanden zum Unterhalten oder Lachen hatte. Das war jetzt für immer vorbei. Ab heute hatte ich Janet. Janet schaute mich an. Sie hatte schöne, kuglige, tiefschwarze Hundeaugen.

»Du bist ein guter Hund, Janet«, sagte ich. Janet wedelte mit dem Schwanz. Sie hatte mich verstanden. Janet war ein kluger Hund. Und es war ein gutes Zeichen, dass sie mich mochte. Heißt es nicht, dass Tiere nur zu wenigen Menschen direkt Vertrauen fassen und fiese Menschen instinktiv meiden? Ich lächelte. Mich hatten Tiere schon immer gemocht.

Zu Hause tat ich etwas, das ich nur ganz selten mache. Ich griff zum Telefon und rief freiwillig Opa an. Janets guter Einfluss wirkte also schon.

»Opa, ich habe heute jemanden mitgebracht«, rief ich ins Telefon.

»Sie heißt Janet und wohnt jetzt hier.«

Am anderen Ende der Leitung war Schweigen. Hatte Opa etwa aufgelegt?

»Aha«, sagte Opa endlich. »Ist Janet eine Freundin?« Ich überlegte.

»Kann man so sagen. Ja, so etwas wie eine Freundin. Oder besser: Lebenspartnerin.«

Wieder Schweigen.

»Äh, schön, Coline, ich meine, es kommt recht plötzlich. Seid ihr denn schon lange, ich meine, kennt ihr euch schon lange? Du und diese ... Janet?«

»Nee, nicht lange. Seit heute Mittag. Ich habe sie hinter den Gitterstäben gesehen und sofort gewusst, dass wir zusammengehören.«

»Hinter ... Gitterstäben?«

»Ja, natürlich. Sie können sie doch nicht einfach frei herumlaufen lassen. Das wäre viel zu gefährlich.«

»Zu gefährlich«, wiederholte Opa.

Mensch, war Opa doof. Er sollte sich mit mir freuen, stattdessen verdarb er mir mit seinen doofen Fragen und den dummen, endlosen Redepausen die Laune.

»Wenn du keine Lust hast, dich mit mir zu freuen, dann lass es doch bleiben!«, schrie ich. »Das war jedenfalls das letzte Mal, dass ich dich angerufen habe.«

Ich legte auf. Dann sah ich Janet an.

»Janet, Menschen sind wirklich dämlich. Zum Glück bist du kein Mensch.«

Ich streichelte Janet und sie leckte über meine Hand. Dann füllte ich ihren Napf zum zweiten Mal mit frischem Wasser auf. Es machte Spaß, etwas für Janet zu tun, und es war wunderschön anzusehen, wie sie von dem Wasser trank und sich danach behaglich aufs Sofa legte. Ich setzte mich dazu und Janet machte ganz zutraulich die Augen zu und schlief neben mir ein, während ich in einem Buch las.

Liebes Tagebuch, Janet zu mir zu holen, war eine der besten Ideen überhaupt. Sie hat zwar mit allem drum und dran viel Geld gekostet und ich muss sogar Steuern zahlen für sie. Aber so teuer wie Reiten ist Janet längst nicht. Und sie ist von nun an immer, also jeden Tag im Jahr 24 Stunden täglich bei mir und das bestimmt noch zehn Jahre lang, da Janet noch ein so junger Hund ist. Wundervoll. Ich liebe es, für so lange Zeit vorgesorgt zu haben.

Tiere und Autisten – ein gutes Team

Bei vielen Arten von Behinderungen und chronischen Erkrankungen lassen sich mit Hilfe von Tieren beachtliche Erfolge erzielen. Auch in der Therapie von Autisten können tierische Helfer zu einer Besserung beitragen. Häufig zum Einsatz kommen Delfine, Pferde oder Hunde – in besonderen Fällen greifen Therapeuten auch auf andere Tiere wie Lamas zurück.

Je nach Zielsetzung der Therapie geht es um eine Verbesserung der Lebensqualität für die Betroffenen, eine Entwicklungsförderung oder eine Förderung der kommunikativen und sozialen Fähigkeiten. Patienten, an denen Therapien mit Tieren versucht werden, sind sehr häufig Kinder mit mentalen, körperlichen, vor allem aber mit seelischen Behinderungen.

Aber schon ein normales Haustier kann sich positiv auf Autisten auswirken. Vielen tut allein das Gefühl gut, nun jemanden zu haben, für den sie Verantwortung übernehmen und um den sie sich kümmern können. Weiterhin fordern viele Tiere einen mehr oder weniger geregelten Tagesablauf. Hunde brauchen zum Beispiel regelmäßige Spaziergänge und verlässliche Fütterungszeiten. Ein anderer Aspekt ist, dass auch viele Menschen mit Asperger-Syndrom Gefühle der Einsamkeit kennen. Eine Sehnsucht nach Menschen besteht dann jedoch häufig nicht. Ein tierischer Begleiter kann hier der ideale Partner sein.

Hilfreiche Links im Internet: tierische Therapeuten

Unabhängiges Informationsportal für Therapieverfahren mit Tieren:
www.tiergestuetzte-therapie.de

Von Autisten aufgebautes Internetportal rund um das Thema »Team aus Auties und Dogs«:
www.autiedogs.de

Internetseite des Deutschen Berufsverbands für Therapie- und Behindertenbegleithunde (DBTB) e. V.:
https://www.dbtb.info/

Dogs With Jobs e. V. – Verein für Assistenzhunde und tiergestützte Arbeit:
https://dogs-with-jobs.de/assistenzhund/sozialhunde/

22 Coline und die Internetsucht

Liebes Tagebuch,

ich habe mir heute im Internet ein neues Sammelalbum für meine getrockneten Moospflänzchen bestellt. Morgen soll es kommen. Es wird einfach so ins Haus geliefert, ohne dass ich mich dafür in einen Laden quälen muss.

Schon toll, was durch das Internet alles möglich ist. Ich brauche auch keine Tageszeitung mehr. Wozu auch? Eine Tageszeitung ist schließlich längst nicht mehr aktuell, wenn sie morgens bei einem ist. Zumindest nicht mehr aktuell gemessen am Internet. Dort erfährt man immer und sofort, wenn irgendwo auf der Welt etwas passiert.

Wenn ich morgens aufstehe, fahre ich als erstes den Computer hoch. Dann gucke ich nach meinen E-Mails. Ich bekomme ständig sehr viele E-Mails und habe mittlerweile sieben verschiedene E-Mail-Konten angelegt. Die vielen E-Mails kommen daher, dass ich ganz viele Newsletter abonniert habe. Und die muss ich jeden Tag alle lesen. Das kann schnell eine Stunde dauern. Dafür bin ich dann aber rundum informiert. Ich weiß genau, für wie viel Geld weniger ich in die Türkei fliegen könnte, wie ich in drei Tage zehn Kilo abnehmen kann ohne zu hungern oder wo es die günstigsten Staubsauger gibt. Schon faszinierend, was man alles so wissen kann.

Natürlich bekomme ich auch E-Mails von Menschen, die ich kenne. Zum Beispiel von meiner Therapeutin Frau Hilfreich. Ich habe auch einige autistische Menschen im Internet kennen gelernt. Einer davon, David, kommt sogar aus Australien, lebt also ganz weit weg. Mit David schreibe ich mir auf Englisch. Ich tausche mich gerne mit anderen Menschen aus, die ebenfalls autistisch sind. Mit ihnen sind Gespräche sehr angenhem. Wir teilen ähnliche Erfahrungen und brauchen deshalb viele Dinge gar nicht erst zu erklären. Wenn ich zum Beispiel irgendjemandem Nicht-autistischen erzähle, dass ich eine Krise bekomme, wenn ich meinen Plan nicht einhalten kann, dann versteht derjenige das meistens überhaupt nicht. Oder schlimmer noch, er hält mich für verrückt. Das ist mir neulich in der Bäckerei passiert. Ich wollte für mein Samstagsfrühstück ein Vollkornbrötchen mit Haferflocken kaufen. So ein Brötchen gehört einfach zum Frühstück dazu.

»Ich hätte gerne ein helles Vollkornbrötchen mit Haferflocken«, sagte ich der Verkäuferin.

»Ist nicht mehr da. Nur noch normale Vollkornbrötchen.«

»Sind da auch Haferflocken drin?«

»Nein, die sind ohne.«

»Ich brauche aber ein Brötchen mit Haferflocken. Haferflocken enthalten viel Eisen und das ist wichtig für mich. Sonst kann ich meinen Eisenbedarf heute nicht decken.«

»Tut mir ja leid. Ich habe trotzdem keine Vollkornbrötchen mit Haferflocken mehr da«, sagte die Verkäuferin.

»Können Sie nicht schnell welche backen? Es ist sehr, sehr wichtig.«

»Das geht nicht. Darf es denn etwas anderes sein?«

»Ich will nichts anderes. Ich brauche ein Vollkornbrötchen mit Haferflocken! Sonst kann ich heute nicht frühstücken. Sonst ist der ganze Tag kaputt.«

Tränen stiegen mir in die Augen. Ich hatte mich doch so auf einen guten Samstag gefreut. Und jetzt das. Die Verkäuferin kannte aber kein Erbarmen. Sie bediente einfach jemanden anderes. Ich ließ natürlich nicht locker, es war schließlich megawichtig.

»Sie da, hören Sie! Ohne ein Vollkornbrötchen mit Haferflocken kann ich heute nicht frühstücken.« Ich erklärte es ihr genauer: »Ich mache mir für jeden Tag einen Plan. Und wenn ich einen Punkt vom Plan nicht einhalten kann, dann gerät alles durcheinander. Und dann werde ich wütend, traurig und verzweifelt zugleich. Und wenn das passiert, muss ich ganz laut schreien. Und dann schimpft meine Vermieterin.«

Die anderen Leute im Laden sahen mich jetzt alle an. Zwei Frauen tuschelten. Ich hörte was von »Total daneben« und »Durchgeknallt«.

Eine andere Frau sagte »Geschlossene Anstalt«. Ich verstand nicht, was sie damit meinte.

»Verrückt«, sagte der dicke Mann, der sich jetzt einfach vor mich drängelte und seine Bestellung durchgab.

»Ich bin doch dran!«, rief ich.

»Sie kaufen doch eh nichts! Verschwinden Sie, Sie haben doch nicht mehr alle Tassen im Schrank.«

»Ich besitze nur eine Tasse. Und die steht nie im Schrank, sondern immer griffbereit auf der Spüle.«

Liebes Tagebuch, ich musste wirklich ohne Vollkornbrötchen mit Haferflocken den Laden verlassen. Der Tag ist dann ziemlich mies gewesen. Hatte ich ja gleich gewusst. Ein Samstag ohne Vollkornbrötchen mit Haferflocken kann nur mies werden.

Als ich davon meinen autistischen Freunden berichtet habe, haben die das sofort verstanden. Sie hatten viel Mitleid mit mir. Als ich aber Opa am selben Tag davon berichtete, meinte er nur, ich müsse das lockerer sehen. Lockerer! Pah! Als ob das möglich wäre, bei so einer wichtigen Angelegenheit.

Ich bin so froh, dass ich meine Internetkontakte habe. Ich fühle mich nie einsam, solange ich mir mit anderen Menschen schreiben kann. Wenn etwas sehr wichtig ist und ich schnell eine Antwort haben möchte, kann ich auch eine WhatsApp-Nachricht schicken. Dafür brauche ich noch nicht einmal auf dem Smartphone herumzutippen. Ich finde nämlich, dass die »Tastatur« auf dem Smartphone mega anstrengend zu bedienen ist. Daher schreibe ich lieber über die Desktop-App des Messenger-Dienstes. Da kann ich flink meine Nachrichten eingeben und bekomme bestenfalls wenige Sekunden später eine Antwort. Ich finde es so toll, dass andere Menschen immer nur eine Nachricht weit weg sind, auch wenn sie am anderen Ende der Welt wohnen wie David. Das ist ein schönes, ein sehr beruhigendes Gefühl.

Etwas macht mir aber Sorgen. Mir ist in den letzten Wochen etwas aufgefallen. Wenn ich in der Universität bin, werde ich ganz schnell furchtbar nervös. Ich kann es kaum länger als eine halbe Stunde aushalten, ohne ständig daran denken zu müssen, dass ich gerade bestimmt hochspannende E-Mails bekomme. Ich muss dann alle paar Minuten mein Handy aus der Tasche nehmen und gucken, ob bei WhatsApp oder bei den E-Mails eine neue Nachricht vorliegt. Und dann ist da vielleicht eine Push-Benachrichtigung, die ich sofort öffnen muss, um mich zu informieren. Was der Dozent erzählt, bekomme ich kaum noch mit. Dafür bin ich super gut informiert, was gerade so im Internet und meinen Nachrichten-Konten los ist.

Letzte Woche war es besonders schlimm. Ich konnte den Blick gar nicht mehr vom Handy lassen. Ständig schrieb David eine neue Nachricht. Er lag im Bett und konnte nicht schlafen und das machte ihn nervös, weswegen er ständig schreiben musste. Und ich antwortete natürlich ständig. Das fiel Dominik auf, der neben mir im Hörsaal saß.

»Was tippst du die ganze Zeit am Handy herum?«, fragte er leise.

»Ich muss einem Freund helfen.«

»Der Professor schaut aber schon die ganze Zeit rüber. Das macht keinen guten Eindruck bei ihm, wenn man nicht aufpasst.«

Das war mir an dem Tag egal. Und langsam schlich es sich ein, dass ich in den Vorlesungen immer mehr, ja eigentlich nur noch mit meinem Handy beschäftigt war, Nachrichten las oder im Internet durch die »News« scrollte. Man muss schließlich informiert sein, was so alles in der Welt passiert. Oder, liebes Tagebuch?

Irgendwann sprach mich eine Professorin an.

»Frau Meier, es stört und irritiert, dass sie ständig mit dem Handy beschäftigt sind. Entscheiden Sie sich bitte. Entweder, Sie nehmen teil und dann auch bitte aufmerksam bis zum Ende. Oder Sie haben etwas Besseres zu tun und bleiben der Veranstaltung ganz fern.«

»Das geht aber nicht! Ich muss doch in die Vorlesung. Sonst lerne ich ja nichts.«

»Gut. Dann hören Sie aber auch zu und das Handy verschwindet solange in Ihrer Tasche. Sonst lernen Sie nämlich auch nichts.«

»Ich muss aber doch nach meinen Nachrichten gucken. Anders halte ich das nicht aus.«

Die Professorin sah mich an.

»Frau Meier, kann es sein, dass Sie ein Problem haben? Man kann abhängig davon werden, ständig aufs Handy zu schauen. Das nennt sich Onlinesucht.«

Liebes Tagebuch, da wusste ich gar nicht, was ich sagen sollte. Onlinesüchtig? Ich war doch keine Süchtige! Die Professorin hatte doch keine Ahnung. Am liebsten hätte ich mir jetzt mit meinem Finger an die Stirn gefasst. Das nennt man »einen Vogel zeigen« und das macht man, wenn jemand Unsinn redet. Man macht das aber nicht, wenn derjenige, der Unsinn redet, ein wichtiger Mensch ist. Also zum Beispiel nicht, wenn es sich um einen Professor handelt. Es ist nämlich so, dass bestimmte Menschen offiziell nie Unsinn reden, weil sie eine hohe Stellung haben. Daher sagte und machte ich nichts und ging einfach weg.

Die Professorin rief mir hinterher:

»Es gibt eine Beratungsstelle an der Uni für Suchtkrankheiten. Dorthin sollten Sie mal gehen, Frau Meier.«

Liebes Tagebuch, jetzt, wo ich zu Hause sitze und wieder nur im Internet bin, überlege ich, ob die Professorin nicht vielleicht doch ein bisschen Recht hat. Was, wenn ich wirklich ein Problem habe? Ist es normal, wenn man ständig auf dem neusten Stand und informiert sein will? Wenn man sofort und ohne Verzögerung Bescheid wissen muss, sobald ein Freund eine Nachricht geschrieben hat? Wenn man jede Nachricht sofort lesen und beantworten möchte, auch wenn sie ganz unwichtig ist? Oder ist das unnormal, krank, ein Zeichen von Sucht?

Ich weiß es nicht. Ich denke aber, dass ich wahrscheinlich doch mal zu dieser Beratungsstelle gehen werde. Nur so. Aus Interesse. Und bestimmt werden Sie mir dort sagen, dass ich an der falschen Stelle bin, da ich ganz gesund und nicht onlinesüchtig bin. Bestimmt werden sie das.

Hoffentlich.

Online ohne Ende – eine neue Abhängigkeitskrankheit?

Für manche Menschen ist das Surfen im Internet zur Obsession geworden. Sie müssen jeden Tag mehrere Stunden online sein und leiden unter regelrechten Entzugserscheinungen, sobald sich das Handy oder der Computer einmal nicht griffbereit in der Nähe befinden. Das ständige Verlangen, im Internet zu sein, geht mit einem immensen Kontrollverlust einher. Betroffene haben keine Macht mehr darüber, wie lange sie online sind. Andere Tätigkeiten, Schule, Ausbildung oder Beruf leiden darunter. Auch soziale Kontakte werden vernachlässigt beziehungsweise finden nur noch online statt.

Die exzessive und außer Kontrolle geratene Nutzung des Internets bedarf wie andere Verhaltenssüchte einer professionellen Therapie. Dafür stehen mittlerweile zahlreiche Beratungs- und Behandlungsangebote zur Verfügung.

Hilfreiche Links im Internet: Internetsucht

Informationen zur Online-Sucht vom Bundesministerium für Gesundheit (BMG): https://www.bundesgesundheitsministerium.de/service/begriffe-von-a-z/o/online-sucht.html

Informationen zu Mediensüchten und Hilfe für Betroffene:
https://www.ins-netz-gehen.info/beratung-hilfe/beratungsmoeglichkeiten-handysucht-internetsucht/mediensucht-symptome/

Mediensucht bei Kindern:
https://www.mediclin.de/ratgeber-gesundheit/artikel/psyche-koerper/sucht-mediensucht/mediensucht-bei-kindern-symptome-folgen-und-behandlung/

23   Neuer Stress mit neuen Medien

Liebes Tagebuch,

ich habe mir heute auf dem Smartphone eine neue App installiert. Onstagram heißt die. Menschen veröffentlichen dort Bilder zu allen möglichen Themen und erzählen dort viele langweilige, aber auch sehr interessante Sachen. Diese Menschen nennt man Influencer, das hat mir meine Therapeutin Frau Hilfreich einmal gesagt und gemeint, dass man denen nicht alles glauben dürfe.

Ich will denen auch gar nicht alles glauben. Trotzdem finde ich die App spannend. Ich dort viele Menschen entdeckt, die mir das Gefühl geben, doch nicht ganz so komisch zu sein. Viele sagen zum Beispiel, dass Routinen wichtig sind. Genau das habe ich schon immer gesagt! Nur sehen die Routinen von denen anders aus. Viele machen morgens bestimmte Dinge, die sie »Morgenroutine« nennen. Sehr viele befolgen auch die folgenden Routinen:

- Morgens sofort aufstehen, wenn der Wecker klingelt, nicht auf die Schlummertaste drücken
- Täglich 10.000 Schritte gehen
- Täglich 3 Liter Wasser trinken
- Täglich 500 Gramm Gemüse essen

Das alles machen diese Leute aber nicht, weil es ihnen Spaß macht, sondern weil sie sagen, dass sie so gesünder oder erfolgreicher leben. Das macht mich nachdenklich. Ich habe auch Routinen, zum Beispiel muss ich jeden Tag vor der Schule um Punkt 7 Uhr einen Scheibe Vollkornbrot mit Erdnussbutter essen. Und dabei in der aktuellen Tageszeitung lesen. Und 1 Liter ungesüßten grünen Tee trinken. Wenn da etwas dazwischenkommt, wird es ein schlechter Tag.

Eine sehr hübsche Frau, der ich in der App folge (»folgen« nennt man es, wenn man den Kanal von jemandem abonniert hat), sagte am letzten Wochenende, dass Brot nicht gut sei. Brötchen genauso wenig. Man solle stattdessen »Porridge« essen. An dem Tag habe ich mit Mama und Opa zusammen Mittag gegessen und fragte: »Kennt ihr Porritsch?«

»Porritsch? Kenne ich nicht«, grummelte Opa.

»Das soll man morgens essen.«

»Nein, morgens isst man ein Marmeladenbrot«, sagt Opa.

Mama wusste mehr: »Porridge ist die englische Bezeichnung für Haferbrei. Und ja, das kann man zum Frühstück essen.«

»Einfach nur Haferbrei?« Ich war fast enttäuscht. Ich hatte mir etwas Spannenderes darunter vorgestellt.

Ich guckte am Nachmittag noch mal in App. Da kann man sich Stories angucken, so nennt man die Filmchen, die die Influencer dort einstellen. Und ich lernte dort, dass man für Porridge Haferflocken in Wasser einweicht und dann »Flavour« dazu gibt. »Flavour« nennen sie ein Geschmackspulver und das gibt es in den tollsten Geschmacksrichtungen. Dann kommt noch etwas Obst und etwas Schokolade (die Frau sagt »Schoki«) auf den fertigen Brei und die Mahlzeit ist fertig. Die Influencerin hat netterweise auch gleich einen Link veröffentlicht, über den man das Geschmackspulver bestellen kann. Denn das brauche jeder!

Das Bestellen klappt reibungslos. Die Leute sagen, dass man auch noch einige andere Sachen brauche. Gummibärchen mit Melatonin zum Beispiel, um schlafen zu können. Der Körper stellt dieses Melatonin selbst her, wenn es dunkel wird, es also auf den Abend zu geht. Da wir heutzutage jedoch auch abends von Licht umgeben sind und noch dazu auf viele Bildschirme gucken, kommt der Körper nicht wirklich zur Ruhe und bildet viel zu wenig Melatonin. Dann liegen wir wach im Bett und bekommen nicht den Schlaf, den wir brauchen, um am nächsten Tag gut funktionieren zu können. Einfach morgens länger zu schlafen, geht natürlich auch nicht. Der Wecker klingelt bei mir um 4:44 Uhr, dann muss aufgestanden werden. Immer. Jeden Tag. Und damit ich dann nicht mehr müde bin, muss ich spätestens um 21 Uhr schlafen. Dummerweise kann ich nicht immer gleich einschlafen, wenn ich ins Bett gehe.

Ich bestellte also auch blaue Gummibärchen mit Melatonin. 30 Stück kosteten 39,95 Euro. Wenn man den Code »Inge10« eingibt, bekommt man 10 Prozent Rabatt. Ich freute mich, dass ich so klug war und den Rabatt-Code gefunden hatte.

Schon zwei Tage später war meine Bestellung da. Von den blauen Gummibärchen soll man abends eine halbe Stunde vorm Einschlafen mindestens eins nehmen. Ich nahm eins um halb neun und ging um 21 Uhr ins Bett. Ich dachte, ich würde sofort einschlafen können, aber es funktionierte nicht. Ich drehte mich ein paar Mal im Bett und wartete darauf, dass mein Geist zur Ruhe kommen würde und ich endlich schlafen würde.

Nichts passierte.

Vielleicht war ein Gummibärchen zu wenig. Ich stand auf und nahm ein zweites. Zum Glück ist kein Zucker in diesen Gummitieren, so dass man nach der Einnahme nicht mehr die Zähne zu putzen braucht.

Ich legte mich wieder hin. Mein Geist war noch wacher als vorher. Ich überlegte, ob ich ein drittes Gummibärchen nehmen sollte. Aber dann war ich doch zu müde, um aufzustehen.

Ich wurde erst wieder wach, als der Wecker klingelte. Ich fühlte mich unausgeschlafen und musste ein paar Mal gähnen, als ich mich im wusch. Die Melatonin-Bärchen hatten nicht so gewirkt, wie ich mir das vorgestellt hatte. Ich hatte gedacht, dass ich voller Energie in den Tag starten würde, da man dank Melatonin doch so viel besser schlafen sollte.

Am Nachmittag kam Mama in mein Zimmer.

»Coline, ich habe gerade gesehen, dass ein größerer Betrag von meinem Konto abgebucht wurde. Ich kann das nicht zuordnen. Weißt du etwas dazu?«

»Ich habe etwas bestellt«, murmelte ich.

»Und was genau? Warum hast du nicht mit mir darüber gesprochen?«

»Weil es schnell gehen musste. Die hatten nicht mehr viel Ware da.«

»Um was für Ware geht es? Warum war das so wichtig?«

Ich holte tief Luft und berichtete Mama von den vielen Pulvern in verschiedenen Geschmacksrichtungen und auch von den Melatonin-Gummibärchen.

»Coline, du willst damit sagen, dass du für diesen Schrott mehr als 200 Euro ausgegeben hast?«

»Kann sein. Ich habe nicht nachgezählt.«

»Das ist verdammt viel Geld!«, rief Mama.

Ich sagte nichts.

»Coline, so geht das nicht. Wie kommst du überhaupt dazu, solche Sachen zu bestellen?«

»Weil man das braucht. Und sonst nicht gesund leben kann.«

»Wer sagt das?«

»Die Leute bei Onstagram.«

»Und denen glaubst du? Die wollen doch nur ihr Zeug übertreuert verkaufen.«

»Nein. Die haben Studien und so. Damit erklären die genau, warum man das braucht.«

»Du brauchst das nicht. Schlimmstenfalls schadet es sogar, wenn man irgendwelche Pulver schluckt.«

»Aber das ist doch alles geprüft und wichtig für die Gesundheit.«

»Und das glaubst du?«

»Ja. Warum sollten die denn lügen?«

»Weil sie dein Geld wollen. Bestenfalls wirkt das Zeug nicht, schlimmstenfalls schadet es sogar.«

Ich dachte daran, dass ich gestern Abend trotz zwei Bärchen nicht hatte besser einschlafen können und heute morgen müder war als sonst.

»Und was jetzt?«

»Jetzt löschst du diese App und fragst zukünftig immer mich, bevor du etwas im Internet bestellst.«

In meiner nächsten Sitzung sprach ich mit Frau Hilfreich über Onstagram. Es gab da nämlich ein Problem.

»Ich kann die App nicht löschen«, sagte ich.

»Warum denn nicht? Soll ich dir zeigen, wie es geht?«

Frau Hilfreich verstand nicht, was ich meinte.

»Technisch kann ich das natürlich. Aber ich brauche die App! Verstehen Sie? Ohne sie fühle ich mich leer. Als würde was fehlen in meinem Leben. Wenn ich zum Beispiel spazieren gehe, muss ich dabei immer Stories gucken. Anders geht es nicht. Anders ist spazieren so entsetzlich langweilig.«

»Was spricht dagegen, sich neue Gewohnheiten zu suchen?«, fragte Frau Hilfreich. »Die App tut dir nicht gut. Wenn es dir zu langweilig ist, einfach spazieren zu gehen und die Umgebung zu beobachten, dann hör doch zum Beispiel ein Hörbuch.«

»Das ist nicht das gleiche. Die Leute auf Onstagram sind für mich wie eine Familie. Ich kenne ihre Gewohnheiten und sie erzählen auch, wenn es mal nicht gut läuft bei ihnen. Und was sie tun, damit es ihnen besser geht.«

»Zum Beispiel Pulver nehmen?«

»Ja, manchmal.«

»Und dann denkst du, dass du auch Pulver zu Hause haben musst und nehmen musst, wenn es dir schlecht geht?«

»Ja.«

Ich verstand, was Frau Hilfreich meinte. Aber die App konnte ich an diesem Tag trotzdem nicht löschen. Ich konnte mich von der Gewohnheit, sie immer wieder einzuschalten, einfach (noch) nicht lösen.

Was sind soziale Medien und was ist gefährlich daran?

Die sozialen Online-Medien sind aus dem Leben vieler Menschen nicht mehr wegzudenken. Sie sind Fluch und Segen zugleich. Positiv ist sicherlich, dass sie eine Quelle der Inspiration sein können und eine Plattform darstellen, auf der sich jeder kreativ betätigen und darstellen kann. Doch es gibt auch Schattenseiten. Über soziale Medien können Falschinformationen – sogenannten Fake News – rasend schnell verbreitet werden. Jeder kann ungeprüft Inhalte einstellen. Auch der soziale Druck wächst durch die sozialen Kommunikationsmedien. Für Content Creators sind »Likes« und »Interaktionen« eine Art Währung. Bekommen sie wenig Aufmerksamkeit, kann das das Selbstwertgefühl mindern oder dazu verleiten, immer krassere und gewagtere Dinge zu posten. Nach dem Motto »Sex sells« bekommen spärlich bekleidete Körper meist mehr Aufmerksamkeit als kluge Gedanken oder gar wissenschaftliche Informationen. Nicht zuletzt geht es auf vielen Plattformen vor allem ums Verkaufen. Viele Menschen dort sind gewiefte Verkäufer und nicht die Freunde ihrer Follower, auch wenn sie als solche erscheinen wollen.

Ein weiteres Problem ist, dass viele Menschen davon abhängig sind, soziale Medien zu nutzen. Für sie beginnt und endet ein Tag damit, die neusten Stories und Posts von den Influencern anzusehen. Es lassen sich Erinnerungsfunktionen einstellen, die sofort informieren, wenn ein neues Posting erfolgt ist oder eine Story geteilt wurde. Einige Menschen müssen dann sofort den entsprechenden Inhalt ansehen und vernachlässigen dafür das reale Leben, das gerade um sie herum stattfindet. Dass Person X gerade eine Story geteilt hat, sollte jedoch in vielen Situationen keine Rolle spielen. Dann sollten die Menschen relevant sein und im Mittelpunkt stehen, die leibhaftig da sind, etwa die Familie beim Mittagessen oder die Freunde bei einem Ausflug an den See.

Wichtig ist auch, sich von den Influencern nicht zu unüberlegten Käufen verleiten zu lassen. Oft werden Tricks angewendet: Es wird etwa gesagt, dass die Produkte knapp seien und man schnell bestellen müsste. Druck verleitet jedoch oft zu vorschnellen Entscheidungen und sollte einen misstrauisch machen.

Braucht man das neue Produkt XY, um erfolgreich/fit/schön/gesund zu sein?

Influencer können uns glauben machen, dass ohne das von ihnen beworbene Produkt nichts mehr geht im Leben. Oft soll sich damit genau das erreichen lassen, was die Follower gerne hätten. Wer Bodybuildern folgt, glaubt ihnen womöglich, dass sie nur mit einem bestimmten Nahrungsergänzungsmittel oder dem eigenen käuflich zu erwerbenden Trainingsprogramm zu ihrem guten Körper gekommen sind. Tatsächlich optimieren viele Influencer ihre Körper mit Photoshop-Apps. Die durchtrainierten Körper entstehen nicht dadurch, dass ein Produkt XY eingenommen wird und drei Mal die Woche ein 15-minütiges Workout durchgezogen wird. Stattdessen sind sie das Ergebnis jahrelanger, harter Arbeit im Fitnessstudio und extrem eingeschränkten Ernährungsplänen.

Einige Frauen mit scheinbar makelloser Haut halten überteuerte Cremes und Pflegeprodukte in die Kamera. Nur damit bekomme jeder eine reine, glatte Haut. Traurig ist dann nur, wenn die perfekte Haut nicht durch das Produkt, sondern durch eine ideale Belichtung, Photoshop-Programme und Filter erzeugt worden ist.

Junge, leichtgläubige oder einsame Menschen mögen besonders empfänglich dafür sein, den schönen Worten und Versprechungen glauben zu wollen. Umso wichtiger ist es, gerade Kaufentscheidungen immer gut zu überdenken und am besten mit einer vertrauten außenstehenden Person zu besprechen. Gut ist es auch, eine Nacht darüber zu schlafen und zu überlegen, ob einem das Produkt das Geld wirklich wert ist.

Checkliste: Soziale Medien sinnvoll nutzen

- Inspirationen abholen: Kochrezepte, Styling-Tipps, Dekorations-Tipps, Workout-Ideen etc.
- Menschen folgen, die einen weiterbringen und auch schlechte Tage zeigen: Man ist nicht allein mit seinen täglichen Mühen
- Sich fern halten von Menschen, die nur zeigen, wie toll ihr (Party-)Leben ist, starke Filter benutzen und keinen Alltagsbezug mehr haben
- Die Zeit auf Social Media begrenzen und regelmäßig, etwa wöchentlich, einen Tag ganz darauf verzichten
- Das reale Leben sollte immer Vorrang gegenüber den fremden Menschen auf Social Media haben

24 Silvester: Coline zieht Resümee und fasst neue Vorsätze

Liebes Tagebuch,

heute ist der letzte Tag dieses Jahres. Insgesamt war es ein gutes Jahr für mich. Ich hab viel geschafft. Ich habe den Führerschein gemacht, ich habe mein Abitur bestanden und ein Studium begonnen. Außerdem lebe ich jetzt alleine und kann immer mehr Dinge ohne fremde Hilfe erledigen. Zum Beispiel Besuche auf einem Amt. Oder die Folgen eines Unfalls regeln. Oder die Wohnung putzen, einen Hund kaufen und vieles mehr.

Ich habe auch gelernt, mit meinem Autismus anders umzugehen. Ich habe mir einen Schwerbehindertenausweis besorgt und mache an der Universität kein Geheimnis mehr daraus, dass ich Autistin bin.

Außerdem weiß ich mir jetzt im Alltag immer besser zu helfen, zum Beispiel, wenn meine Haare zu lang sind, ich telefonieren muss oder ich krank bin.

Aber es gibt auch noch einiges, was ich nicht kann. Zum Beispiel möchte ich flexibler werden. Es soll mich weniger belasten, wenn ich kurzfristig einen Plan ändern muss. Und ich will öfter etwas zusammen mit anderen Menschen unternehmen. Vielleicht macht das sogar Spaß. Zumindest sollte ich mich endlich mal trauen und es ausprobieren. Dann will ich auch mehr Freunde haben. Richtige Freunde, an der Universität. Nicht nur Freunde, die ich übers Internet kennen lerne. Außerdem will ich endlich mal in den Urlaub fahren. Etwas anderes sehen, als das, was ich schon kenne. Einerseits macht diese Vorstellung, für mehrere Tage oder sogar Wochen von daheim und allem Vertrauten weg zu sein, Angst. Andererseits: Es gibt in anderen Ländern so viele tolle Moospflänzchen, die es hier nicht gibt, dass ich dort einfach hin *muss.* Das alles will ich im nächsten Jahr schaffen. Meinst du, das klappt, liebes Tagebuch? Ich werde dich auf dem Laufenden halten.

Literatur

Fachbücher

Attwood, Tony: Das Asperger-Syndrom. Ein Ratgeber für Eltern. 2000.
Attwood, Tony: Das Asperger-Syndrom: Das erfolgreiche Praxis-Handbuch für Eltern und Therapeuten. 4. Auflage. 2016.
Attwood, Tony: Ein ganzes Leben mit dem Asperger-Syndrom. Alle Fragen – alle Antworten. 2008.
Attwood, Tony: Leben mit dem Asperger-Syndrom: Von Kindheit bis Erwachsensein – alles was weiterhilft. 3. Auflage. 2019.
Bernard-Opitz, Vera: Kinder und Jugendliche mit Autismus-Spektrum-Störungen: Ein Praxishandbuch für Therapeuten, Eltern und Lehrer. 4., erweiterte und überarbeitete Auflage. 2020.
Bernard-Opitz, Vera, Anne Häußler: Praktische Hilfen für Kinder mit Autismus-Spektrum-Störungen (ASS). Fördermaterialien für visuell Lernende. 2. Auflage. 2010.
Dziobek, Isabel, Sandra Stoll. Hochfunktionaler Autismus bei Erwachsenen. Ein kognitiv-verhaltenstherapeutisches Manual. 2019.
Grossberg, Blythe. Asperger's and Adulthood: A Guide to Working, Loving, and Living with Asperger's Syndrome. 2017.
Hold, Svenja. Asperger bei Erwachsenen: Der praktische Ratgeber zum Meistern des Alltags mit dem Asperger-Syndrom – inkl. Selbsttest, Tipps & Übungen. 2022.
Matzies, Melanie. Sozialtraining für Menschen mit Autismus-Spektrum-Störungen (ASS): Ein Praxisbuch. 2., vollständig überarbeitete und erweiterte Auflage. 2014.
Notbohm, Ellen, Veronica Zysk. 1001 Ideen für den Alltag mit autistischen Kindern und Jugendlichen: Praxistipps für Eltern, pädagogische und therapeutische Fachkräfte. 2019.
Noterdaeme, Michele, Angelika Enders (Hrsg.). Autismus-Spektrum-Störungen (ASS). Ein integratives Lehrbuch für die Praxis. 2., erweiterte und überarbeitete Auflage. 2017.
Preissmann, Christine. Psychotherapie und Beratung bei Menschen mit Asperger-Syndrom: Konzepte für eine erfolgreiche Behandlung aus Betroffenen- und Therapeutensicht. 4., erweiterte und überarbeitete Edition. 2018.
Preissmann, Christine. Überraschend anders: Mädchen & Frauen mit Asperger. 2. Auflage. 2020.
Preissmann, Christine. Mit Autismus leben: Eine Ermutigung. 2. Auflage. 2021.
Preissmann, Christine. Glück und Lebenszufriedenheit für Menschen mit Autismus. 2., aktualisierte Auflage. 2021.
Preissmann, Christine. Asperger: Leben in zwei Welten: Betroffene berichten: Das hilft mir in Beruf, Partnerschaft & Alltag. 4. Auflage. 2022.
Price, Devon. Unmasking Autism: The Power of Embracing Our Hidden Neurodiversity. 2022.
Rudy, Simone. Aspergirls: Die Welt der Frauen und Mädchen mit Asperger. Deutsche Erstausgabe. 2012.
Schuster, Nicole, Melanie Matzies. Colines Welt hat tausend Rätsel: Alltags- und Lerngeschichten für Kinder und Jugendliche mit Asperger-Syndrom. Stuttgart. 4. überarbeitete Auflage. 2023.
Schuster, Nicole. Schüler mit Autismus-Spektrum-Störungen: Eine Innen- und Außenansicht mit praktischen Tipps für Lehrer, Psychologen und Eltern. 5., aktualisierte Auflage. 2020.

Tebartz van Elst, Ludger. Autismus, ADHS und Tics: Zwischen Normvariante, Persönlichkeitsstörung und neuropsychiatrischer Krankheit. 3., erweiterte und überarbeitete Auflage. 2022.

Theunissen, Georg. Autismus und herausforderndes Verhalten: Praxisleitfaden Positive Verhaltensunterstützung. 5. Auflage. 2022.

Theunissen, Georg. Menschen im Autismus-Spektrum: Verstehen, annehmen, unterstützen. 2014.

Theunissen, Georg. Autismus und herausforderndes Verhalten: Praxisleitfaden Positive Verhaltensunterstützung. 4. Auflage. 2021.

Theunissen, Georg. Basiswissen Autismus und komplexe Beeinträchtigungen: Lehrbuch für die Heilerziehungspflege, Heilpädagogik und (Geistig-)Behindertenhilfe. 2. Auflage. 2022.

Vogeley, Kai. Anders sein: Autismus-Spektrum-Störungen im Erwachsenenalter – Ein Ratgeber. 2016.

Hilfreiche Weblinks

Verbände und Institutionen

Offizielle Seite des Bundesverbands Autismus Deutschland e. V.:
www.autismus.de

Auswahl an Landesverbänden:
www.autismus-oberbayern.de
http://www.autismus-regensburg.de
www.autismus-berlin.de
https://www.autismusbrandenburg.de/
www.autismus-rhein-main.de
www.autismus-weser-ems.de
https://www.autismus-landesverband-nrw.de/
http://www.autismus-mv.de
http://www.autismus-hamburg.de
http://www.autismus-nordharz.de
http://www.autismus-mittelthueringen.de
http://www.autismus-ostthueringen.de
http://www.autismus-chemnitz.de
http://www.autismus-sh.de
http://www.autismus-oberlausitz.de
http://www.autismus-hannover.de
http://www.autismus-rhein-main.de
http://www.autismus-rnk.com
http://www.autismus-nordbaden-pfalz.de
http://www.autismus-bodensee.de

Dachverband der Österreichischen Autistenhilfe:
http://www.autistenhilfe.at/

Website von Autismus Deutsche Schweiz:
http://www.autismus.ch/

Internetseite des Integrationszentrums Maut für Menschen mit Autismus in München:
www.m-aut.de

Private Seiten, Selbsthilfevereine und Internationales

Selbsthilfeforum mit vielen wichtigen Adressen, Links und allgemeinen Informationen über Autismus:
www.aspies.de

Verein zur Förderung und Integration von Kindern, Jugendlichen und Erwachsenen aus dem autistischen Spektrum und angrenzender Gebiete:
www.einzigartig-eigenartig.de

4., erw. und überarb. Auflage 2023
196 Seiten. Kart.
€ 29,–
ISBN 978-3-17-041392-4

Für Coline, ein Mädchen mit Autismus-Spektrum-Störung, ist die Welt voller Rätsel. Zusammen mit ihrem Opa macht sie sich auf, die Geheimnisse des Alltags verstehen zu lernen. Dabei erfährt Coline eine Menge über menschliche Verhaltensweisen. Ihr Opa merkt, dass vieles, was wir täglich machen, mit Worten kaum zu erklären ist. Für die Leser sind in sozialen Anleitungen die wichtigsten Fragen von Coline beantwortet und durch praktische und alltagstaugliche Tipps ergänzt. Das Buch gibt in Form von Tagebucheinträgen einen lebhaften Einblick in die Weltsicht von Menschen mit Autismus-Spektrum-Störung. Es zeigt auf, wie man helfen kann, soziale Regeln und gesellschaftliche Normen besser zu verstehen. Der Perspektivenwechsel trägt zum gegenseitigen Verständnis bei.

Auch als E-Book erhältlich.
Leseproben und weitere Informationen: **shop.kohlhammer.de**